학령기 아동의

언어치료 프로그램 Ⅰ

-문법편-

최용주 · 정미란 · 황민아 공저

학지사

머리말

최근 들어서 점차 학령기 언어발달지체아동에 대한 관심이 높아지면서 학령기에도 치료를 계속하는 언어발달지체아동의 수가 늘어나고 있다. 또한 유아기를 별 문제없이 지내다가 학령기에 이르러 학습 과정에서 문제가 두드러지게 나타나면서 언어적 접근을 필요로 하게 되어 언어치료실을 찾는 학령기 아동들도 점차 생겨나고 있다. 이제 학령기 언어발달지체아동에 대한 중재는 언어치료사의 중요한 역할 중 하나로 자리 잡아 가고 있다.

영유아기 때 언어문제를 발견하고 치료를 시작한 아동들 중 대략 2~4년의 지체를 보였던 대다수의 아동들은 학령기에 이르러 중요한 문법의 발달단계에 들어선다. 보통 4, 5세의 일반 아동들이 거치게 되는 이 시기는 기본적인 문법의 틀이 갖추어지고 빠른 속도의 의미발달과 적극적인 대화자로서의 화용능력을 습득하게 되는 중요한 시기다.

하지만 뇌의 가소성이 점차 감소되어 언어 습득력이 떨어지게 되는 학령기의 언어발달지체아동들은 이러한 비약적인 발달을 따라잡아야 하는 단계에 이르면 상당한 부담감을 느끼게 된다. 게다가 언어문제가 읽기, 쓰기 등 학습의 문제로 이어지면 문자를 통해 습득해야 하는 체계적이고 추상적인 지식 습득과 언어발달의 어려움까지 가중될 수 있다.

한편, 학령기의 언어발달지체아동들은 대체로 유아기부터 시작된 장기간의 치료로 집중력과 흥미가 감소되어 있는 경우가 많다. 생활연령상 놀이를 통한 다양한 치료 접근보다는 그림카드나 책 등 인쇄물을 통한 학습 형태로 한정되는 것도 흥미를 감소시켜 효과적인 치료를 어렵게 만드는 요인이 되기도 한다. 이러한 이유로 치료 초기에는 다소 가파른 상승곡선을 보이던 진전속도가 완만해지면 결국 치료사와 보호자는 이제까지의 치료 성과에 일부 만족하면서 성급한 종결로 마무리 짓는 경우가 많았다.

학령기 아동을 대상으로 치료를 진행하는 치료사의 경우에 학령기 아동의 언어검사나 치료 프로그램의 연구가 절대적으로 부족한 상황에서 치료의 적절성과 치료 성과에 대해 확신을 갖고 치료를 진행하기에는 어려움이 많으며, 개인적인 차원에서 언어평가와 중재 프로그램을 고안하고 진행해야 하는 비효율적인 상황이 많이 생겨나고 있다.

적절한 치료를 받지 못한 학령기 언어발달지체아동들은 문법능력에 있어서 동일한 언어연령을 가진 학령전기의 언어발달지체아동들과는 또 다른 특성을 지닌다.

첫째, 학령기 언어발달지체아동들은 연령 증가에 따라 생각과 경험의 폭이 확대되면서 표현하고자 하는 내용과 제한된 언어능력의 불균형이 더욱 심해진다. 따라서 그들은 동일한 구문을 연결해서 문장의 길이를 최대한 늘려 사용하는 등의 보상전략을 사용한다. 대부분의 언어사용자들은 구어나 문어에서 이미 사용한 구문을 재사용하는 것을 피하고 유사한 다른 구문으로 변화를 주어 사용하는 것이 일반적이기 때문에 이와 같은 표현 방법은 부자연스러운 느낌을 준다.

둘째, 제한된 언어자극만을 받아들인 것이 누적되어 그들이 주로 받아들인 언어경로의 특성이 극대화된다. 치료사나 부모와 같은 성인의 말투를 사용하거나 책을 주로 접한 경우 문어적 표현을 부적절하게 사용하는 것이 그 예다.

셋째, 나름의 보상전략으로 일탈된 언어발달이 지속되어 온 경우 그것이 습관으로 고착되어 미습득된 아동에 비해 더 많은 노력이 필요하다.

학령기 언어발달지체아동에 대한 문법 영역의 중재는 이상의 특성들을 고려하여 이미 고착된 모습으로 나타나는 오류들을 바로잡고 일반적인 언어사용자들에 가까운 구문적 표현을 익히고 사용할 수 있도록 하는 데 중점을 두어야 한다. 따라서 이 책은 학령기 아동의 언어 사용의 오류를 문법적 관점에서 설명하고 보다 정교한 언어 사용을 도울 수 있는 세부적인 내용과 치료 적용의 예를 제시하고자 하였다. 이

책의 전체적인 틀은 문법적 항목으로 이루어져 있지만 문법적인 내용을 일일이 열거하기보다는 구어에서 아동들이 오류를 많이 보인 내용과 언어 환경에서 활용도가 높은 내용만을 선별하여 실었다.

이 책이 학령기 아동의 언어중재 프로그램이 부족한 현실에서 보다 효율적인 중재에 작은 보탬이 되기를 바란다.

2010년 2월

저자

[책의 구성 및 활용 방법]

- 이 책은 조사, 명사, 동사, 연결문 등 총 네 가지 치료 프로그램으로 구성되어 있다.
- 조사는 이미 습득된 조사의 오류를 줄이고 정확한 사용을 촉진하는 데 중점을 두었다.
- 명사는 어휘적인 성격이 강한 자립명사의 내용은 생략하고 의존명사만을 다루었다.
- 동사는 문법적 의미의 설명과 해당하는 동사를 제시하였다.
- 연결문은 관련 문법에 대한 이해를 돕고 적용 과정에서 읽기나 게임 등 심화된 상황에서의 적용 유도를 통해 난이도를 높였다.

각 장은 치료 전 알아두기, 단원 목표, 치료 전후 수행수준 검사, 치료 적용의 예(개념 적용, 구문 적용, 상황 적용)로 구성되어 있다.

1 치료 전 알아두기

치료사가 치료를 준비하기 전에 알아두어야 할 관련 문법을 제시하였다. 모든 문법적 의미를 나열하기보다는 구어에서 사용 빈도수가 높은 의미를 선별하여 소개하였다. 또한 인어장애아동들이 주로 보이기 쉬운 오류를 미리 짚어 줌으로써 치료사가 아동의 오류 형태를 예상하고 수정 방법을 계획할 수 있도록 도왔다.

2 단원 목표

치료를 통해 습득하고자 하는 문법적 의미와 기능, 사용에 대해 구체적인 목표를 제시하였다.

3 치료 전후 수행수준 검사

목표 문법형태소가 생략된 문장에 적절한 형태소를 찾아 넣는 과제수행 검사를 치료 전과 치료 후에 실시하여 아동의 치료 전 수준과 치료 후 진전도를 파악하도록 하였다.

4 치료 적용의 예

1) 개념 적용

구문 습득에 앞서 선행되어야 할 관련 인지부분의 활동을 통해 아동의 배경지식을 확인하고 보충할 수 있도록 하였다. 활동은 주로 간단하고 단순한 놀이로 치료 시 도입부분으로 활용 가능하다.

2) 구문 적용

그림을 보고 구문을 완성하는 연습을 하도록 하였다. 또한 용언의 경우, 용언활용의 자동화가 되어 있지 않은 대다수의 언어장애아동들이 새로운 틀과 용언활용이 동시에 이루어질 경우 습득에 어려움을 보일 수 있기 때문에 동사를 변형시키는 과정을 첨가하였다.

3) 상황 적용

습득된 구문을 대화 상황이나 언어문제 해결 상황에 적용해 보는 과정을 거치도록 하여 일반화를 도왔다.

개념 적용부터 상황 적용까지는 치료 적용의 예이므로 이 프로그램을 그대로 적용하기보다는 치료아동의 관심사나 특성, 수행능력에 맞게 적절히 변형하거나 응용하는 과정이 필요할 것이다.

차 례

1 조사 치료 프로그램

에, 에서
에, 를
로, 를
은/는, 이/가
만, 도
부터, 까지
밖에, 이나

[에, 에서]

치료 전 알아두기

❶ **'에'** 는 동작이 이루어지는 방향의 목적지, **'에서'** 는 동작이 이루어지는 방향의 출발점을 나타낸다.

예 상자에 넣었어요.
상자에서 꺼냈어요.

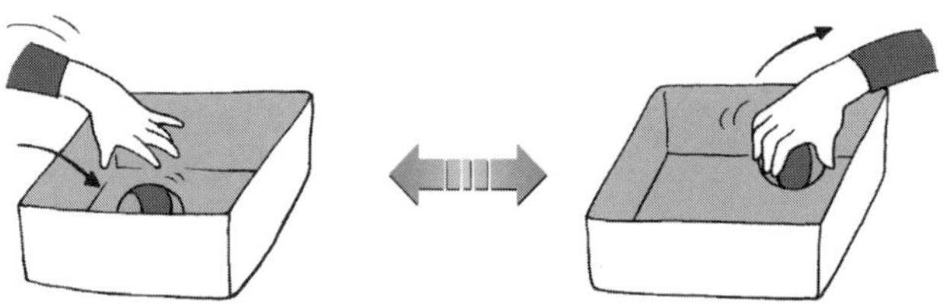

에 에서

❷ **'에'** 는 정적인 상태가 유지되는 장소, **'에서'** 는 동작과 행위가 이루어지는 장소를 나타낸다.

예 개미가 상자 안에 있어요.
개미가 상자 안에서 기어 다녀요.

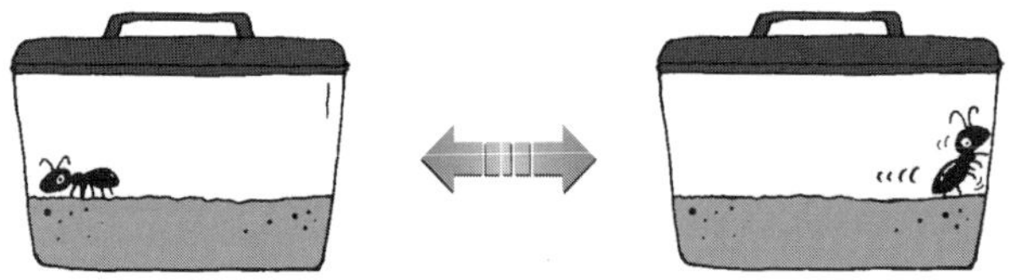

에 에서

참고 • 언어장애아동들은 비교적 의미 구별이 쉽고 자주 쓰는 1번과 같은 의미 사용에서는 혼란을 보이지 않으나 2번의 의미 구별이나 혹은 1번과 2번이 섞인 경우 오류를 보이는 경향이 있다.

예 침대에 누웠어요.
침대에서 누웠어요. ◦어색한 문장

⇨ '침대에 누웠어요.' 의 경우 동작이 이루어지는 장소로 생각하기 쉬우나 침대 밖에서 침대 쪽으로 몸을 움직이는 방향의 목적지가 되므로 '에' 가 적절하다.

• '–에' 가 구체적인 공간을 나타내는 경우에, 의미의 차이는 생길 수 있으나 '–에' 와 '–에서' 를 함께 사용할 수 있는 동사들이 있다.

머무르다, 살다, 나타나다, 발생하다, 명시하다, 묵다, 등장하다, 기거하다, 흐르다, 멎다, 물씬거리다.

예 삼촌은 부산에 와서 호텔(에/에서) 머물렀다.

1 단원 목표

방향의 출발/도착점뿐 아니라, 정적/동적 장소로서 의미기준에 따라 '에' 와 '에서' 를 정확하게 구별하여 사용할 수 있다.

2 치료 전후 수행수준 검사

문장을 듣고 빠진 말을 넣어 완전한 문장으로 말해 보세요.

보기

치료사가 직접 시범을 보여 주세요.

❶ "산[?] 올라갔다."

⇨ "산에 올라갔다."

❷ "산[?] 내려왔다."

⇨ "산에서 내려왔다."

수행수준 평가

보기 문항으로 이해를 도운 다음에 실시하기

문항	정답	치료 전 수행수준		치료 후 수행수준	
		T	F	T	F
1. 침대[?] 누웠다.	에				
2. 침대[?] 내려왔다.	에서				
3. 침대 위[?] 인형이 있었다.	에				
4. 침대[?] 잤다.	에서				
5. 슈퍼[?] 과자를 판다.	에서				
6. 슈퍼[?] 과자가 있다.	에				
7. 의자[?] 앉았다.	에				
8. 의자[?] 일어섰다.	에서				
9. 버스[?] 사람이 많았다.	에				
10. 버스[?] 친구를 만났다.	에서				
정확도		/10		/10	

* T – 정반응, F – 오반응

3 치료 적용의 예

1) 개념 적용

과자 옮기기

준비물	1~4까지 적혀 있는 종이컵, 강화과자(씹는 데 오래 걸리지 않는 작은 과자)

❶ 이 과자는 1번 컵에 놓으세요.

❷ 이 과자는 2번 컵에 놓으세요.

❸ 이 과자는 어디에 놓을까요? (3번 컵) 네, 3번 컵에 놓아요.

❹ 이 과자는 ? (4번 컵) 4번 컵(에) 놓아요.

과자를 다 담았어요. 이제 먹어 볼까요?

❺ 3번 컵에서 과자를 꺼내요. (수행 후) 잘했어요. 꺼낸 과자를 먹어요.

❻ 1번 컵에서 과자를 꺼내요. (수행 후) 꺼낸 과자를 먹어요.

❼ 이제 어떤 컵에서 과자를 꺼낼까요? 어떤 컵에서? (○번 컵에서 과자를 꺼내요) 네, 과자를 먹어요.

❽ 어떤 컵에서? (○번 컵에서 과자를 꺼내요.)

무엇을 하고 있을까요?

준비물	상자 4개, 동물 그림(피아노 치는 강아지 그림, 밥 먹는 돼지 그림, 누워 있는 고양이 그림, 아무도 없는 집 그림), '에' 카드 2장, '에서' 카드 2장

(그림이 보이지 않게 상자마다 한 장씩 넣어 주세요.)

토끼, 돼지, 강아지, 고양이가 집에 있어요. 동물들이 집에서 무엇을 하고 있는지 보이지 않네요. 소리를 듣고 맞춰 볼까요?

❶ 강아지 집에서 딩동딩동 소리가 나네요. 강아지는 집에서 무엇을 하고 있을까요? (강아지는 집에서 피아노 쳐요.)
 –상자를 열어서 맞나 확인해 볼까요? 네. 강아지는 피아노를 치고 있네요, 집에서. '에서' 를 강아지 집에 붙여요.

❷ 돼지 집에서는 냠냠쩝쩝 소리가 나네요. 돼지는 집에서 무엇을 하고 있을까요? (돼지는 집에서 밥 먹어요.)
 –상자를 열어서 맞나 확인해 볼까요? 네. 돼지는 밥을 먹고 있네요, 집에서. '에서' 를 돼지 집에 붙여요.

❸ 고양이 집에서는 아무 소리도 나지 않네요. 고양이는 집에서 무엇을 하고 있을까요? 한번 열어 볼까요? 고양이는 침대에 가만히 누워 있네요, 침대에. '에' 를 고양이 집에 붙여요.

❹ 토끼 집은 아무 소리도 나지 않고 불까지 꺼져 있네요. 토끼는 집에 있을까요, 없을까요? (토끼는 집에 없어요.) 상자를 열어 보세요. 네. 토끼는 없네요, 집에. '에' 를 토끼 집에 붙여요.

그림자료

에	에
에서	에서

2) 구문 적용

다음 이야기를 읽고 ________ 안에 빠진 말을 넣어 보세요.

❶ 산 ________ 올라갔어요. 산 ________ 나무들이 많았어요.

산 ________ 다람쥐를 보았어요. 산 ________ 내려왔어요.

❷ 마트 ________ 갔어요. 마트 ________ 카트가 있었어요.

마트 ________ 물건을 샀어요. 계산을 다 하고 마트 ________ 나왔어요.

❸ 상자 __________ 이상한 소리가 났어요.

상자를 열어 보니 상자 안 __________ 강아지가 들어 있었어요.

강아지가 상자 안 __________ 벌벌 떨고 있었어요.

강아지를 집 __________ 데려왔어요.

❹ 주스를 마시면서 의자 __________ 일어나다가

주스를 바닥 __________ 쏟고 말았어요.

걸레로 닦았지만 아직도 바닥 __________ 주스 얼룩이 남았어요.

그리고 바닥 __________ 주스 냄새도 나는 것 같아요.

3) 상황 적용

다음 그림을 보고 이상한 점을 찾아 이야기해 보세요.

상황 적용 참고

❶ 메뉴판에 공책이 있어요.

❷ 계산대에 거울이 있어요.

❸ 모자에서 돈을 꺼내요.

❹ 햄버거를 구멍이 뚫린 봉투에 담아요.

❺ 테이블 밑에서 햄버거를 먹어요.

❻ 테이블 위에 운동화를 벗어 놨어요.

치료 전 알아두기

'에' 는 동작이 이루어지는 방향의 목적지, **'를'** 은 동작의 대상을 나타낸다.

예 네모 안에 동그라미를 그렸어요.

동그라미 안에 네모를 그렸어요.

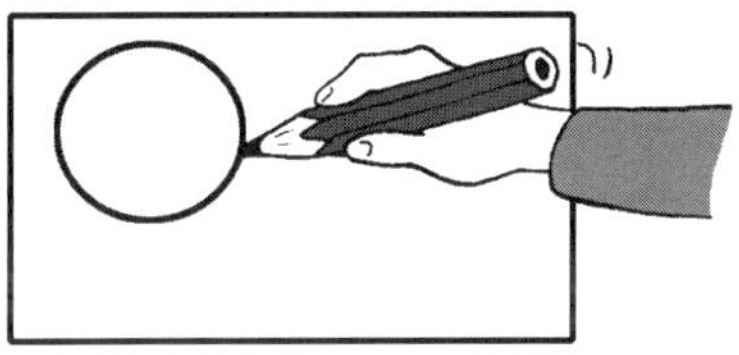

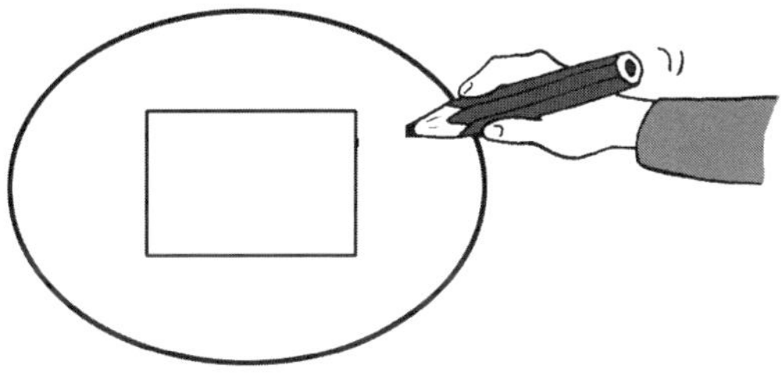

참고 '에' / '를' 의 오류 유형

언어장애아동의 경우 구문상의 의미 구별보다는 '–에 –를 어찌하다' 와 같이 암기된 어순 전략을 그대로 사용할 가능성이 높다. 따라서 '–를 –에 어찌하다' 와 같이 어순 도치를 섞어 구별을 유도해야 실제 상황에서의 오류를 줄일 수 있다.

예 익숙한 '–에 –를' 대신 '–를 –에' 로 어순 도치를 했을 경우

문제: 필통____ 가방____ 넣었어요.

⇨ 언어장애아동의 경우 '필통에 가방을 넣었어요.' 라는 오류를 범하기 쉽다.

1 단원 목표

어순에 관계없이 '에' 와 '를' 을 정확하게 구별하여 사용할 수 있다.

2 치료 전후 수행수준 검사

문장을 듣고 빠진 말을 넣어 완전한 문장으로 말해 보세요.

보기

치료사가 직접 시범을 보여 주세요.

❶ "지갑[?] 동전[?] 넣었어요." ⇨ "지갑에 동전을 넣었어요."

❷ "그림[?] 벽[?] 붙였어요." ⇨ "그림을 벽에 붙였어요."

수행수준 평가

보기 문항으로 이해를 도운 다음에 실시하기

문항	정답	치료 전 수행수준		치료 후 수행수준	
		T	F	T	F
1. 땅[?] 나무[?] 심었다.	에, 를				
2. 꽃[?] 꽃병[?] 꽂았다.	을, 에				
3. 글씨[?] 공책[?] 썼다.	를, 에				
4. 차[?] 짐[?] 실었다.	에, 을				
5. 물[?] 꽃[?] 주었다.	을, 에				
6. 옷[?] 단추[?] 달았다.	에, 를				
7. 쟁반[?] 과일[?] 담았다.	에, 을				
8. 옷[?] 옷걸이[?] 걸었다.	을, 에				
9. 어깨[?] 손[?] 얹었다.	에, 을				
10. 로션[?] 얼굴[?] 발랐다.	을, 에				
정확도		/10		/10	

* T – 정반응, F – 오반응

3 치료 적용의 예

1) 개념 적용

다음의 그림을 보면 움직이지 않은 것에는 네모 모양의 점선, 움직인 것에는 화살표 모양의 점선이 표시되어 있어요. 점선을 따라 선을 그으며 네모 모양에는 '에'를, 화살표 모양에는 '를'을 넣어 이야기해 보세요.

❶ 색종이에 그림을 붙였어요.
❷ 그림에 색종이를 붙였어요.
❸ 컵에 물을 따랐어요.
❹ 물에 컵을 넣었어요.

그림자료

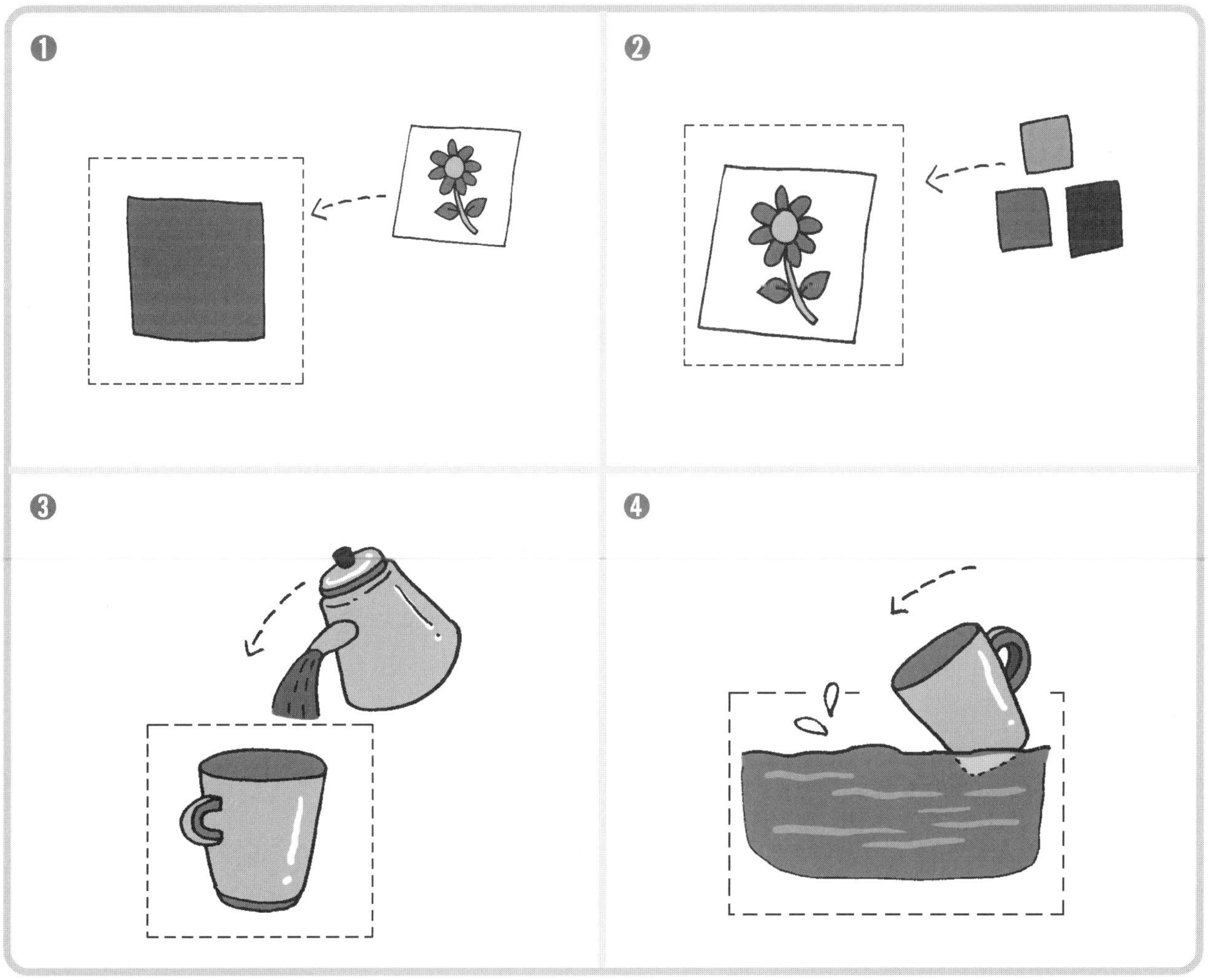

다음 그림의 주스를 오려 마트의 점선 위에 붙이고 이야기해 보세요.

❶ 점선이 있는 곳을 찾아 이름을 이야기해 보세요. (계산대, 쓰레기통, 자동판매기, 바구니, 가방 속)

❷ 주스를 오려 점선 위에 붙이며 이야기해 보세요. (주스를 계산대에 붙였어요. 주스를 쓰레기통에 붙였어요.)

2) 구문 적용

다음 이야기를 읽고 __________ 안에 빠진 말을 넣어 보세요.

❶ 빨래__________ 세탁기__________ 넣었어요.

세탁기__________ 세제__________ 넣었어요.

다 빨아지자 빨래__________ 빨랫줄__________ 널었어요.

❷ 벽__________ 못__________ 박았어요.

그런데 벽__________ 못__________ 박히지 않았어요.

그래서 가족사진__________ 벽__________ 걸 수 없었어요.

할 수 없이 벽__________ 걸려 있던 달력__________ 떼어 냈어요.

그리고 가족사진__________ 달력이 있던 자리__________ 걸었어요.

❸ 나는 붕어빵을 샀어요.

엄마가 붕어빵__________ 봉지__________ 넣고 집에 가서 먹으라고 했어요.

그런데도 나는 붕어빵__________ 손__________ 들고 갔어요.

가다가 붕어빵__________ 땅바닥__________ 떨어뜨리고 말았어요.

땅에 떨어진 붕어빵__________ 쓰레기통__________ 버렸어요.

붕어빵을 먹지 못해서 속상했어요.

❹ 오늘은 내 생일이었어요.

식탁 위__________ 케이크__________ 올려 놓았어요.

초__________ 케이크__________ 꽂았어요.

촛불을 끈 후 케이크__________ 접시__________ 담았어요.

먹고 남은 케이크__________ 냉장고__________ 넣었어요.

3) 상황 적용

모양 완성하기

동그라미, 세모, 네모 모양 위에 빠진 부분을 완성하거나 같은 모양의 사물을 그려 넣고 이야기해 보세요. (예 ○에 시계를 그렸어요.)

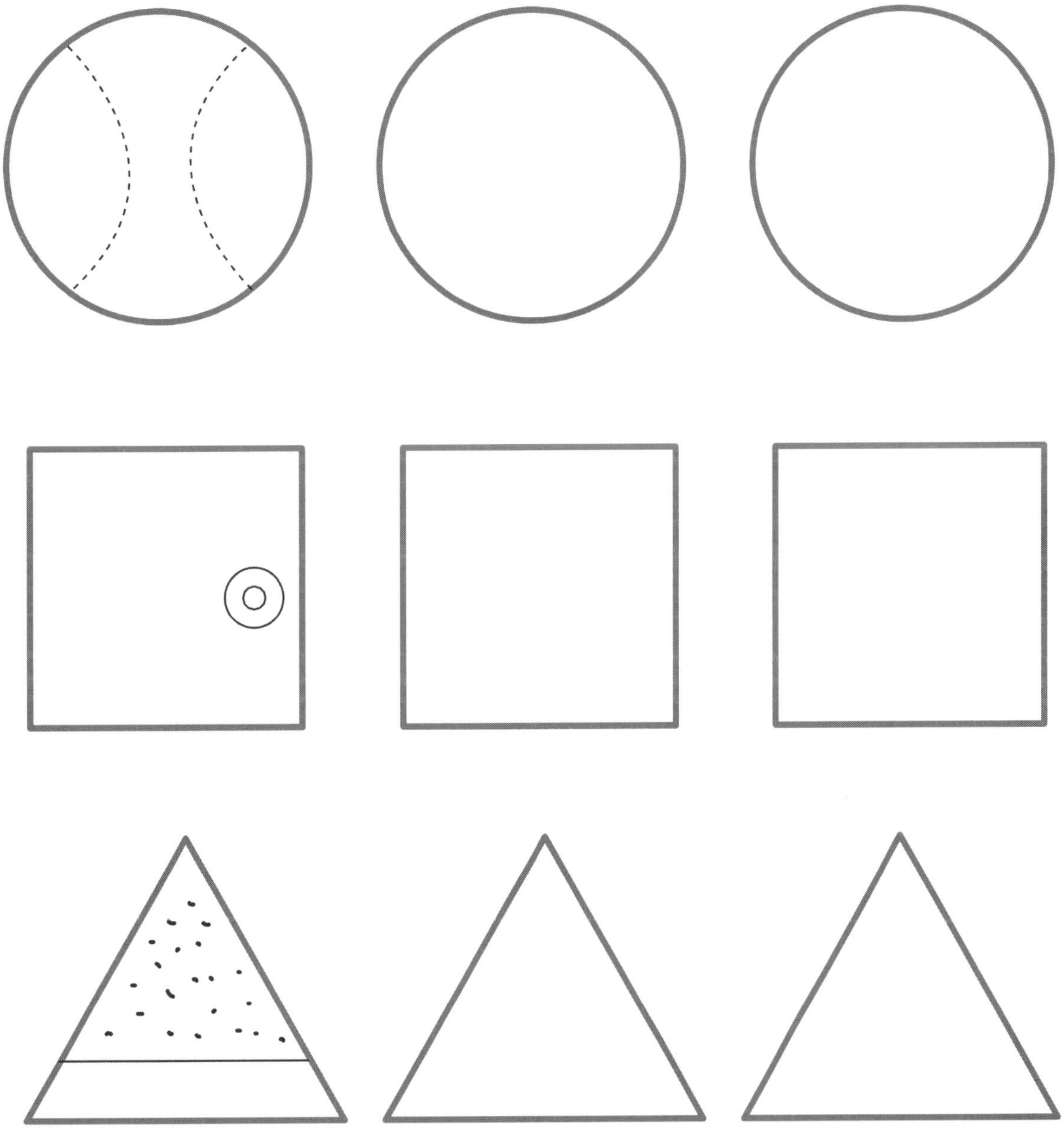

[로, 를]

치료 전 알아두기

'로' 는 도구나 수단, **'를'** 은 도구나 수단의 영향을 받는 대상을 나타낸다.

예 발로 의자를 밀었어요.
의자로 발을 밀었어요.

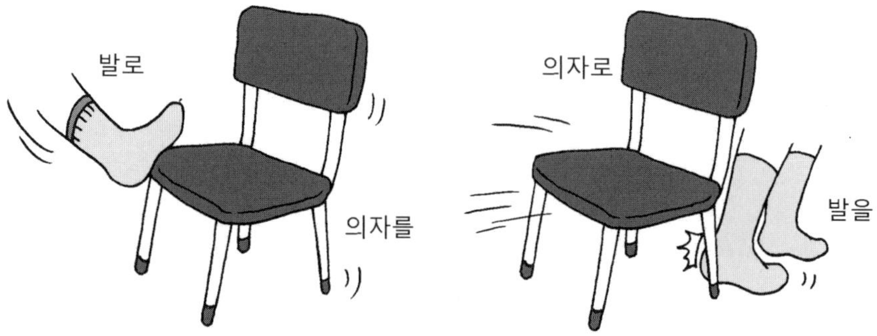

참고 '로' / '를' 의 오류 유형

언어장애아동의 경우 망치나 빗과 같은 몇몇의 도구만을 범주화시킨 후 그 뒤에 '로' 를 붙이는 단순한 전략을 사용하는 경우가 많다. 따라서 같은 범주화에 속하는 종류라도 그 관계와 의미에 따라 조사를 구별해서 사용하도록 유도하는 것이 필요하다.

예 같은 범주
- 손, 발
  문제: 발____ 손____ 쳤어요.

예 대상의 관계
- 물, 걸레
  문제: 물____ 걸레____ 빨았어요.
  물____ 걸레____ 닦았어요.

1 단원 목표

특정 도구 외의 다양한 범주에서 '로' 와 '를' 을 정확하게 구별하여 사용할 수 있다.

2 치료 전후 수행수준 검사

문장을 듣고 빠진 말을 넣어 완전한 문장으로 말해 보세요.

보기

치료사가 직접 시범을 보여 주세요.

❶ "가위? 종이? 잘랐다."

⇨ "가위로 종이를 잘랐다"

❷ "색종이? 모자? 접었다."

⇨ "색종이로 모자를 접었다."

수행수준 평가

보기 문항으로 이해를 도운 다음에 실시하기

문항	정답	치료 전 수행수준		치료 후 수행수준	
		T	F	T	F
1. 발? 공? 찼다	로, 을				
2. 발? 손? 잡았다	을, 으로				
3. 모래? 집? 만들었어요	로, 을				
4. 모래? 삽? 펐어요	를, 으로				
5. 쇠? 망치? 만들었다	로, 를				
6. 쇠? 망치? 두들겼다	를, 로				
7. 물? 컵? 마셨다	을, 으로				
8. 물? 컵? 씻었다	로, 을				
9. 종이? 풀? 붙였다.	를, 로				
10. 종이? 비행기? 접었다.	로, 를				
정확도		/10		/10	

* T – 정반응, F – 오반응

3 치료 적용의 예

1) 개념 적용

피아노 치기

준비물	건반에 번호를 붙인 소형 피아노 혹은 건반 모형, 손가락에 붙일 번호 스티커

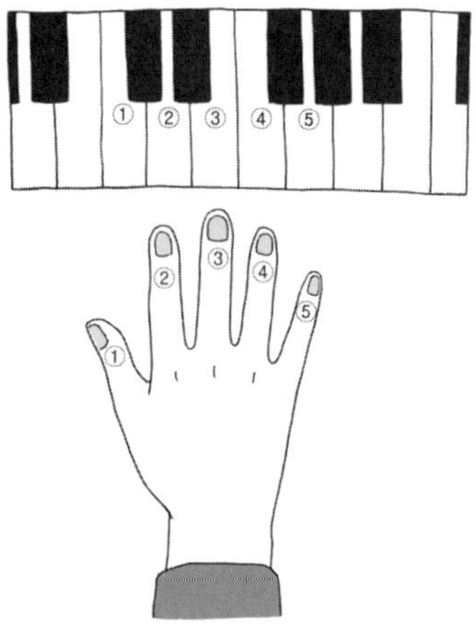

❶ 1번 손가락으로 1번을 치세요.
❷ 2번 손가락으로 2번을 치세요.
❸ 3번 손가락으로? (3번을 쳐요.)
❹ 4번 손가락?(으로 4번을 쳐요.)
❺ (5번 손가락으로 5번을 쳐요.)
❻ 2번 손가락으로 4번을 치세요.
❼ 선생님이 피아노를 치면 몇 번 손가락으로 몇 번을 쳤나 이야기해 보세요.

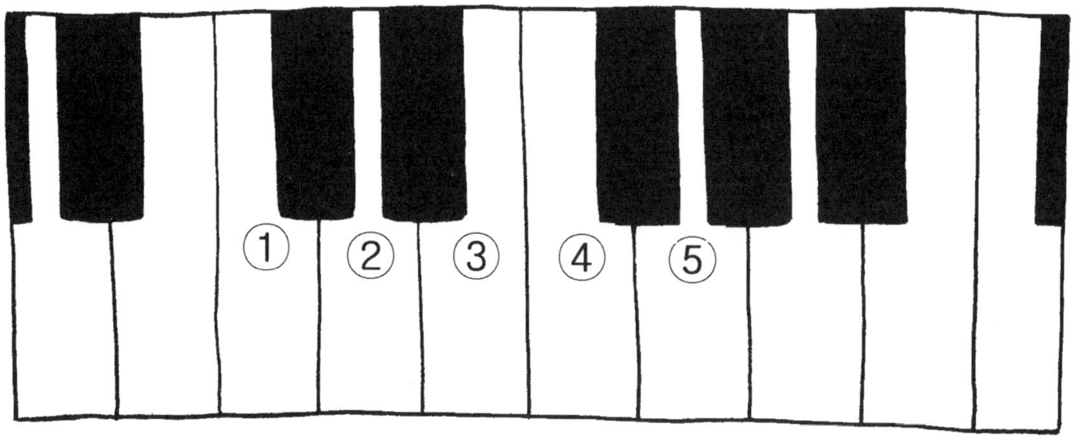

2) 구문 적용

다음 이야기를 읽고 ________ 안에 빠진 말을 넣어 보세요.

❶ 미술시간에 연필________ 색연필________ 그렸어요.

다 그리고 나니 맘에 들지 않아 지우개________ 색연필 그림________ 지웠어요.

이번에는 연필________ 크레파스________ 그렸어요.

다 그리고 나서 크레파스________ 크레파스 그림________ 색칠했어요.

❷ 짝꿍이 자기 자리가 너무 좁다고 발________ 내 의자________ 밀었어요.

짝꿍이 발을 계속 치우지 않자 나는 화가 나서 의자________ 짝꿍의 발________ 밀었어요.

짝꿍은 손________ 얼굴________ 가리고 울었어요.

나는 미안한 마음이 들어서 휴지________ 눈물________ 닦아 주었어요.

❸ 엄마, 이 고양이 좀 보세요.

방금 혀__________ 우유__________ 핥았어요.

그리고 혀__________ 얼굴__________ 핥았어요.

그것도 모자라 혀__________ 발__________ 핥았다고요.

아이 더러워. 엄마, 고양이 좀 혼내 주세요.

❹ 엄마를 도와 드려야지.

먼저 물__________ 걸레__________ 빨고.

어이쿠, 물을 엎질렀네.

걸레__________ 물__________ 닦아야겠다.

어, 다시 물__________ 걸레__________ 빨아야겠네.

이제 손__________ 걸레__________ 잡고 걸레__________ 바닥__________ 훔쳐야겠다.

3) 상황 적용

다음 두 그림을 보고 다른 점을 이야기해 보세요.

상황 적용 참고

- 코끼리가 발로 공을 들어 올려요. 코끼리가 코로 공을 들어 올려요.
- 피에로가 손으로 코끼리를 밀어요. 피에로가 엉덩이로 코끼리를 밀어요.
- 아저씨가 손으로 입을 가리고 하품해요. 아저씨가 신문으로 입을 가리고 하품해요.
- 아이가 포크로 빵을 먹어요. 아이가 손으로 빵을 먹어요.

[은/는, 이/가]

치료 전 알아두기

'은(는)' : 이(가)와 함께 주어를 표시하지만, 주어와 다른 것을 구별하여 특히 주어만이 그렇다는 내용으로 서술의 폭을 제한하며 강조의 의미를 더한다.

❶ **'은(는)'** 은 대조의 의미를 지니는 보조사로 쓰인다.

예 형**은** 안경을 썼는데 나는 안경을 안 썼어요.

형**이** 안경을 썼는데 내가 안경을 안 썼어요. 어색한 문장

❷ **'은(는)'** 은 대화상 화제를 제시할 때나 설명할 때 '란, -로 말하자면' 등의 의미로 사용된다.

예 줄넘기**는** 정말 좋은 운동인 것 같아.

줄넘기**가** 정말 좋은 운동인 것 같아. 어색한 문장

연필**은** 글씨를 쓰는 도구야.

연필**이** 글씨를 쓰는 도구야. 어색한 문장

참고 그 밖에 아동이 '은(는)' 과 '이(가)' 에 대해 혼란을 보이는 경우

예 어느 숲 속에 토끼가 살았어요. 그 토끼는 달리기를 잘했어요.

어느 숲 속에 토끼는 살았어요. 그 토끼가 달리기를 잘했어요. 어색한 문장

⇨ '이(가)' 는 발화 시 처음 등장했던 대상을 언급할 때 사용하며, '은(는)' 은 발화 시 등장했던 대상을 다시 언급할 때 사용한다.

예 누가 와요?

철수가 와요.

철수는 와요. 어색한 문장

⇨ '이(가)' 는 질문과 대답 등과 같은 대화 상황에서 대화의 초점이 되는 대상을 강조하는 의미로 쓰인다.

예 나는 강아지가 아프다는 것을 알았다.

내가 강아지는 아프다는 것을 알았다. 어색한 문장

⇨ 안긴문장에서 안은문장의 주어로는 '은(는)' , 안긴문장의 주어로는 '이(가)' 가 주로 쓰인다.

1 단원 목표

'은/는' 과 '이/가' 를 격조사와 보조사의 구별뿐 아니라 다양한 문법적 맥락에서 적절히 구별하여 사용할 수 있다.

2 치료 전후 수행수준 검사

문장을 듣고 빠진 말을 넣어 완전한 문장으로 말해 보세요.

보기

치료사가 직접 시범을 보여 주세요.

❶ "언니? 초등학생이에요."

⇨ "언니는 초등학생이에요"

❷ "나는 아빠? 빨리 왔으면 좋겠어요."

⇨ "나는 아빠가 빨리 왔으면 좋겠어요."

수행수준 평가

보기 문항으로 이해를 도운 다음에 실시하기

문항	정답	치료 전 수행수준		치료 후 수행수준	
		T	F	T	F
1. 동생은 발? 작아요.	이				
2. 영희? 참 좋은 친구야.	는				
3. 엄마? 노래를 잘 부르는데 아빠? 노래를 못 불러요.	는				
4. 누가 먹었어? 철수? 먹었어.	가				
5. 어느 숲 속에 개미가 살았어요. 개미? 부지런했어요.	는				
6. 석이가 반장이야. 석이? 공부도 잘해.	는				
7. 엄마? 내가 살을 뺐으면 좋겠대요.	는				
8. 형? 그렇게 말했어?	이				
9. 이 옷? 너무 두꺼워.	은				
10. 어제? 숙제가 많았지만 오늘? 숙제가 없어.	는, 은				
정확도		/10		/10	

* T – 정반응, F – 오반응

3 치료 적용의 예

1) 개념 적용

선생님과 나를 비교해 보세요. 다른 점을 찾아 그림으로 그리고 이야기해 보세요.

다른 점

선생님_________ 키가 큰데 ○○이_________ 작아요.

____

____

____

____

다음 친구들의 이야기를 듣고 무엇에 관한 이야기인지 맞춰 보세요.
그리고 ________ 안을 채우고 읽어 보세요.

❶ 영희: ________는 너무 힘들어. 헉헉, 아유 숨차.

철수: 꾸준히만 연습하면 ________는 그렇게 힘든 운동은 아니야.

민수: ________는 잘하는 사람도 있고 못하는 사람도 있으니까. 철수는 지난번 체육 대회 때 이 시합에서 일등을 했다며?

철수: 다른 건 못해도 빨리 달리는 건 자신 있거든.

정답: ________

❷ 철수: ________은 누가 만들었을까?

민수: ________은 선생님이 만드셨겠지. 우리 공부 열심히 하라고.

영희: 하지만 ________은 정말 싫어. 어제도 이것 때문에 공부하느라고 잠도 못 잤어.

정답: ________

❸ 철수: ________은 정말 맛있어.

영희: 근데 ________은 삼키면 큰일 난대.

민수: 그리고 ________은 조금만 씹으면 맛이 없어져.

철수: 봐, 내 ________은 이렇게 풍선도 불 수 있다!

정답: ________

2) 구문 적용

다음 이야기를 읽고 ________ 안에 빠진 말을 넣어 보세요.

❶ 형과 나________ 다른 점이 많아요.

우선 형________ 키가 큰데 나________ 키가 작아요.

그리고 형________ 힘이 센데 나________ 약해요.

❷ 영희: 아이스크림________ 맛있어.

철수: 맞아, 아이스크림________ 질리지가 않더라.

영희: 내 아이스크림________ 딸기 맛인데, 네 아이스크림________ 무슨 맛이야?

철수: 응, 내 아이스크림________ 초코 맛이야.

❸ 어느 마을에 아기돼지 삼형제__________ 살았어요.

아기돼지 삼형제__________ 집을 짓게 되었어요.

첫째 돼지__________ 짚으로 집을 지었어요.

둘째 돼지__________ 나무로 집을 지었어요.

셋째 돼지__________ 벽돌로 집을 지었어요.

❹ 은지__________ 문소리__________ 나는 것도 못 듣고 컴퓨터 게임을 했어요.

은지__________ 엄마__________ 들어오시는 것도 몰랐어요.

엄마__________ 은지__________ 숙제도 하지 않고 컴퓨터를 했다고 혼내셨어요.

은지__________ 이제 엄마__________ 허락하실 때까지 컴퓨터를 못하게 되었어요.

3) 상황 적용

이상한 심부름

선생님이 심부름을 시킬 거예요. 심부름을 할 수 없을 때는 그 이유를 말해 보세요.

❶ 색연필로 종이를 오려 보세요.

❷ 화분의 꽃에 밥을 먹여 보세요.

❸ 자동차와 이야기해 보세요.

❹ 책 위에 책상을 올려 보세요.

상황 적용 참고

① 색연필은 글씨를 쓰는 거잖아요. 혹은 색연필은 가위가 아니잖아요.

② 꽃은 물을 먹잖아요.

③ 자동차는 말을 못하잖아요.

④ 책은 너무 작잖아요.

[만, 도]

치료 전 알아두기

'만' 은 유일하거나 혹은 '단독' 의 의미를, **'도'** 는 동일하거나 혹은 '역시' 의 의미를 나타낸다.

예 상자 안에 공만 있어요.
상자 안에 공도 있어요.

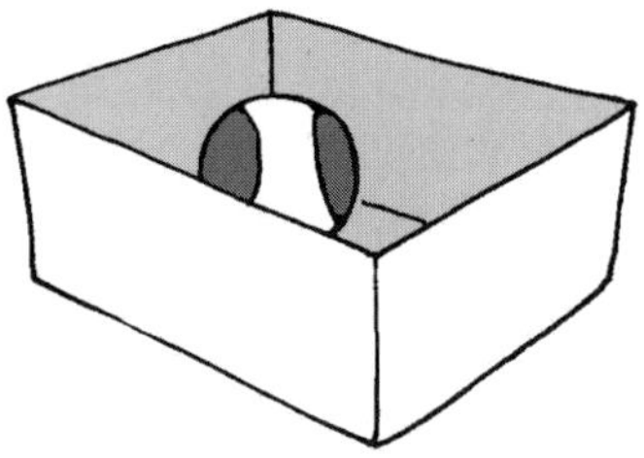

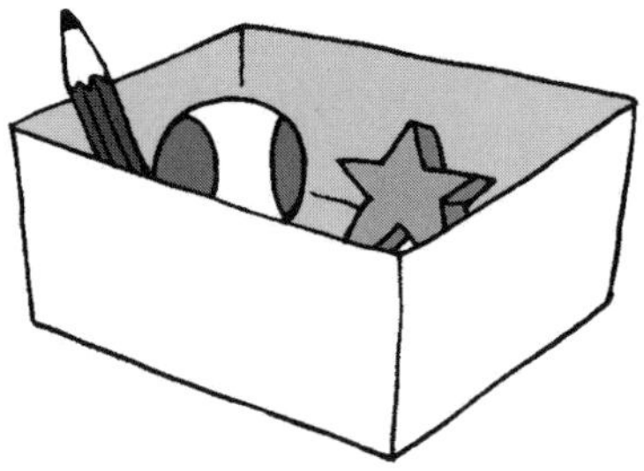

참고 '도' 의 경우 동일함을 나타내는 주어로, 2개의 단문에서 쓰일 때 첫 문장의 주어는 '는' , 다음 문장은 '도' 로 쓰인다.

그리고 복문일 때는 앞 문장과 다음 문장 모두 '도' 로 쓰는 것이 일반적이다.

'도' 를 습득하여 사용하는 언어장애아동들이 주로 보이는 오류는 단문일 때도 첫 문장부터 '도' 를 사용하는 경우다.

예 엄마는 사과를 먹었어요. 아빠도 사과를 먹었어요.
엄마도 사과를 먹었어요. 아빠도 사과를 먹었어요. **어색한 문장**
엄마도 사과를 먹고 아빠도 사과를 먹었어요.

1 단원 목표

'만' 과 '도' 를 주어의 위치뿐 아니라 다양한 문장 위치와 맥락에서 적절히 사용할 수 있다.

2 치료 전후 수행수준 검사

문장을 듣고 빠진 말을 넣어 완전한 문장으로 말해 보세요.

보기

치료사가 직접 시범을 보여 주세요.

❶ "운동화도 없고 구두만 없어요."

⇨ "운동화도 없고 구두도 없어요."

❷ "지금 집에 나 혼자도 있어요."

⇨ "지금 집에 나 혼자만 있어요."

수행수준 평가

보기 문항으로 이해를 도운 다음에 실시하기

문항	정답	치료 전 수행수준		치료 후 수행수준	
		T	F	T	F
1. 철수는 사과를 먹었어요. 딸기[?] 먹었어요.	도				
2. 나 혼자[?] 준비물을 안 가져갔어요.	만				
3. 친구들[?] 나처럼 블록을 좋아한대요.	도				
4. 아기는 하루종일 잠[?] 자요	만				
5. 어제[?] 비가 오고 오늘[?] 비가 왔어요.	도, 도				
6. 석이는 매일 빵[?] 먹어요.	만				
7. 이것[?] 하면 끝나요.	만				
8. 날씨[?] 좋고 기분[?] 좋아요.	도, 도				
9. 잠[?] 자는 게으름뱅이.	만, 만				
10. 학교에서[?] 아프고 집에서[?] 아팠어요.	도, 도				
정확도		/10		/10	

* T – 정반응, F – 오반응

3 치료 적용의 예

1) 개념 적용

다음은 조각난 퍼즐이에요. 선생님의 지시대로 색칠한 후 어떻게 색칠했는지 이야기해 보세요. 그리고 퍼즐을 오려 조각을 맞춰 보세요.

❶ ①번은 칠하지 말고 ②번만 칠하세요.

❷ ③번은 칠하지 말고 ④번만 칠하세요.

❸ ⑤번만 칠하세요.

❹ ⑦번만 칠하세요.

칠한 것을 가위로 오려 주세요.

❺ ②번 조각도 풀칠하고 ④번 조각도 풀칠하세요.

❻ ②번도 붙이고 ④번도 붙이세요.

❼ ⑤번과 ⑦번도 풀칠하고 붙이세요.

선생님의 지시대로 그림을 완성해 보세요.

❶ 영희만 신발을 신었어요.

❷ 철이도 손을 들고 있고 영희도 손을 들고 있어요.

❸ 철이만 안 웃고 있어요.

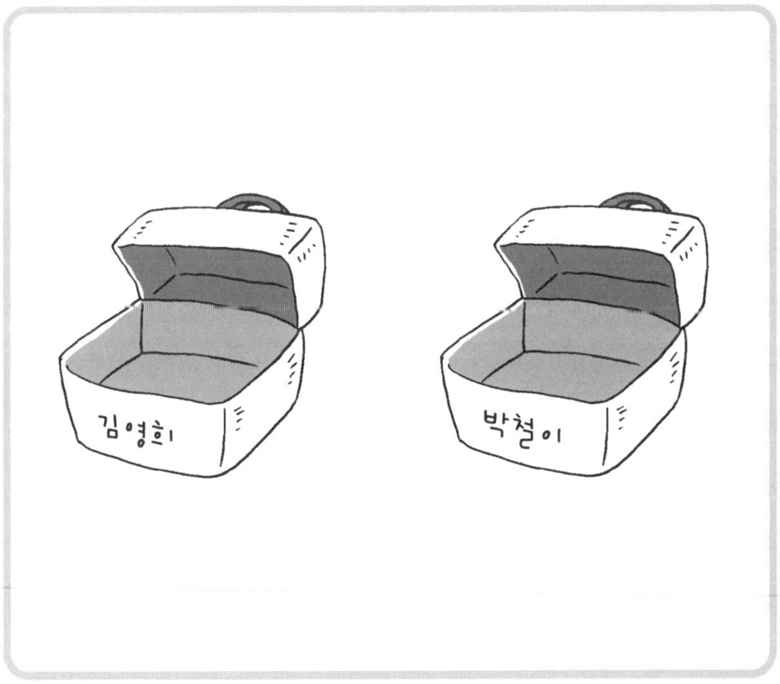

❹ 영희 가방에는 빵만 있어요.

철이 가방에는 우유도 있어요.

2) 구문 적용

그림을 보고 ________ 안에 적절한 조사를 넣어 보세요.

❶ 엄마는 딸기________ 먹었어요.

아빠도 딸기________ 먹었어요.

철이는 딸기________ 먹고 사과________ 먹었어요.

❷ 영희는 손________ 깨끗하고 발________ 깨끗해요.

철이는 손________ 깨끗해요.

민수도 손________ 깨끗해요.

❸ 동생은 오늘 놀기__________ 했어요.

나는 오늘 놀기__________ 하고 공부__________ 했어요.

형은 오늘 공부__________ 했어요.

3) 상황 적용

나의 공부 수첩

❶ 다음은 철수의 공부 수첩이에요. 요일별로 무엇을 해야 하는지 이야기해 보세요.

월	화	수	목	금	토	일
학습지	언어 교실	태권도	언어 교실	태권도	종이 접기	
	미술 학원		바둑			

예 월요일은 학습지만 해요. 화요일은 언어 교실도 가고 미술 학원도 가요.

❷ 나의 공부 수첩을 적어 보세요. 그리고 선생님께 설명해 주세요.

월	화	수	목	금	토	일

[부터, 까지]

치료 전 알아두기

'부터' 는 시간이나 공간, 동작이나 상태의 출발점을, **'까지'** 는 시간이나 공간, 동작이나 상태의 마지막 위치를 나타낸다.

예 동그라미부터 네모까지
한 시부터 네 시까지 공부해요.
놀이터부터 집까지 뛰어왔어요.

참고 이 단원에서 선행되어야 할 것은 시간과 공간 개념이다. 개별 언어장애아동이 가지고 있는 공간 개념과 시간 개념의 수준을 파악하고 개념을 습득한 후에 접근해야 치료 목표와의 혼란을 줄일 수 있다.

1 단원 목표

'부터' 와 '까지' 를 시간 개념과 공간 개념에서 폭넓게 사용할 수 있다.

2 치료 전후 수행수준 검사

문장을 듣고 빠진 말을 넣어 완전한 문장으로 말해 보세요.

보기

치료사가 직접 시범을 보여 주세요.

❶ "아침부터 지금? 공부만 했어요."

⇨ "아침부터 지금까지 공부만 했어요."

❷ "내일? 새 학기가 시작돼요."

⇨ "내일부터 새 학기가 시작돼요"

수행수준 평가

보기 문항으로 이해를 도운 다음에 실시하기

문항	정답	치료 전 수행수준		치료 후 수행수준	
		T	F	T	F
1. 숙제가 너무 많아서 밤늦게? 숙제를 했어요.	까지				
2. 이번 시합에서는 3등? 메달을 준대요.	까지				
3. 아침? 하루종일 굶었어요.	부터				
4. 내일? 공책을 내지 않으면 혼난대요.	까지				
5. 여기서부터 학교? 걸어갈 수 있어요	까지				
6. 지난 주? 방학이 시작되었어요.	부터				
7. 숙제? 하고 놀아라.	부터				
8. 아까? 내내 왜 쳐다보니?	부터				
9. 지금? 텔레비전만 보고 있었다고?	까지				
10. 오늘? 새로운 만화 프로그램이 시작된대.	부터				
정확도		/10		/10	

* T – 정반응, F – 오반응

3 치료 적용의 예

1) 개념 적용

다음의 점선을 연결하여 모양을 만들려고 해요.

❶ 먼저 선생님의 지시대로 점선을 연결하여 우산을 만들어 보세요.

5부터 4까지 연결하세요.

5부터 2까지 연결하세요.

5부터 어디를 연결할까요? 5부터 (6)까지 연결해요.

손잡이는? (5부터 8까지 연결해요.)

❷ 가위바위보를 해서 이긴 사람이 선을 하나씩 그어 모양을 완성하기로 해요. 선을 그을 때는 어디부터 어디까지 연결할 것인지 이야기해 주세요.

2) 구문 적용

그림을 보고 __________ 안에 적절한 말을 넣어 보세요.

❶ 영희는 학교__________ 집__________ 걸어갔어요.

집__________ 정거장__________ 자전거를 타고 갔어요.

정거장__________ 백화점__________ 버스를 타고 갔어요.

백화점__________ 정거장__________ 버스를 타고 왔어요.

정거장__________ 집__________ 자전거를 타고 왔어요.

❷ 철이는 아침__________ 점심__________ 자전거를 타며 놀았어요.

철이는 점심__________ 저녁__________ 공부를 했어요.

철이는 저녁__________ 밤__________ 그림을 그렸어요.

❸ 나는 ______________ 수영을 시작했어요.

나는 ______________ 수영을 했어요.

누나는 ______________ 수영을 시작했어요.

누나는 ______________ 수영을 했어요.

______________ 더 오래했어요.

3) 상황 적용

지하철 승차권 자판기 놀이

❶ 승차권과 동전을 오리세요. 동전 투입구와 표 나오는 곳을 칼로 칼집을 내 주세요.

❷ 지하철 승차권 자판기 놀이를 시작해요. 누가 표를 살 사람을 하고 누가 자판기를 움직여 줄 건지 정하세요.

- 서울역부터 어디까지 갈 건가요? (ㅇㅇ부터 ㅇㅇ까지 갈 거예요.)
- 서울역부터 ㅇㅇ까지는 얼마인가요? (ㅇㅇ부터 ㅇㅇ까지는 300원이에요.)
- 동전을 넣어 주세요. (동전을 넣으면 자판기를 맡은 사람이 표를 틈으로 내밀어 줌)

이번에는 역할을 바꾸어 해 보세요.

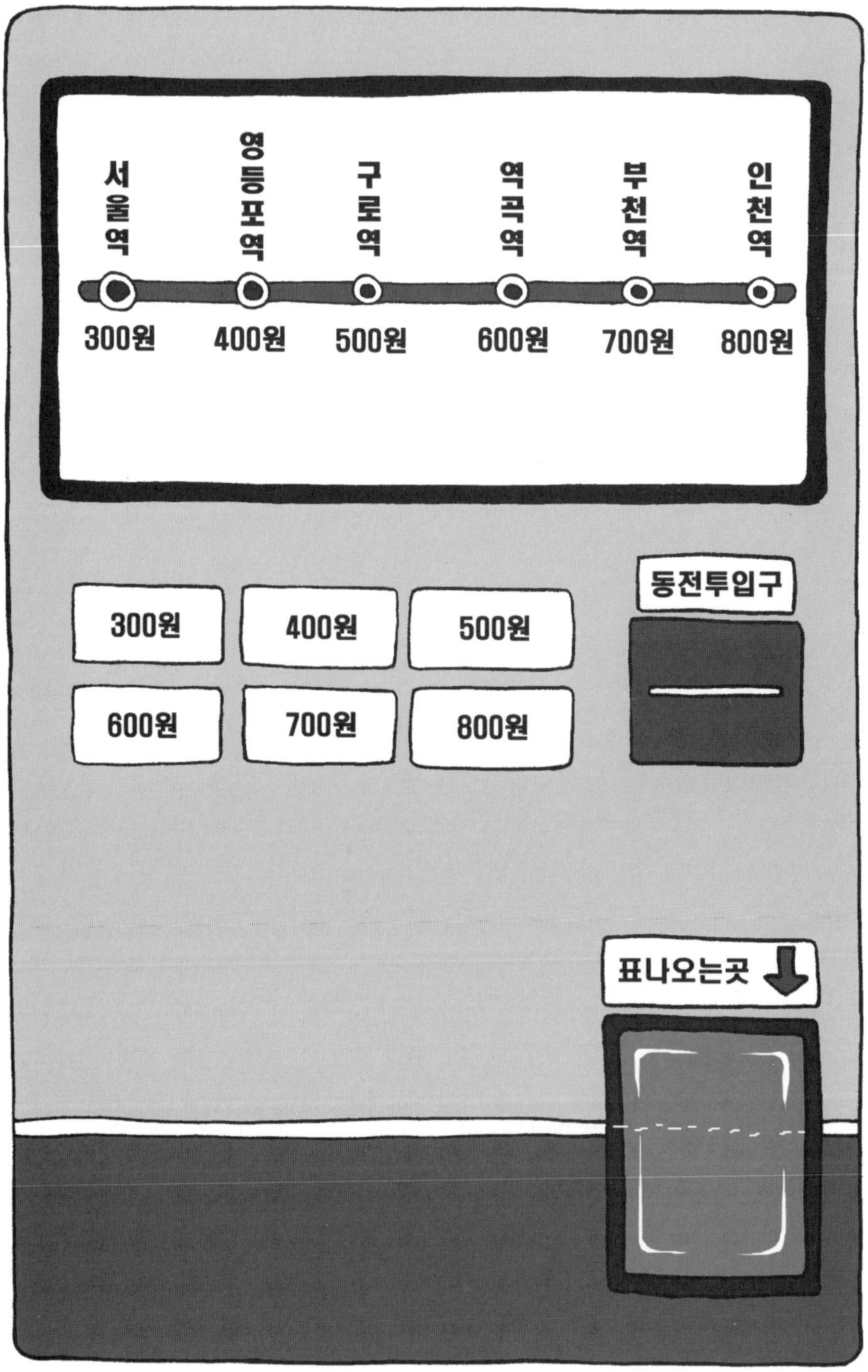
서울역
영등포역
구로역
역곡역
부천역
인천역
300원
400원
500원
600원
700원
800원
300원
400원
500원
600원
700원
800원
동전투입구
표나오는곳

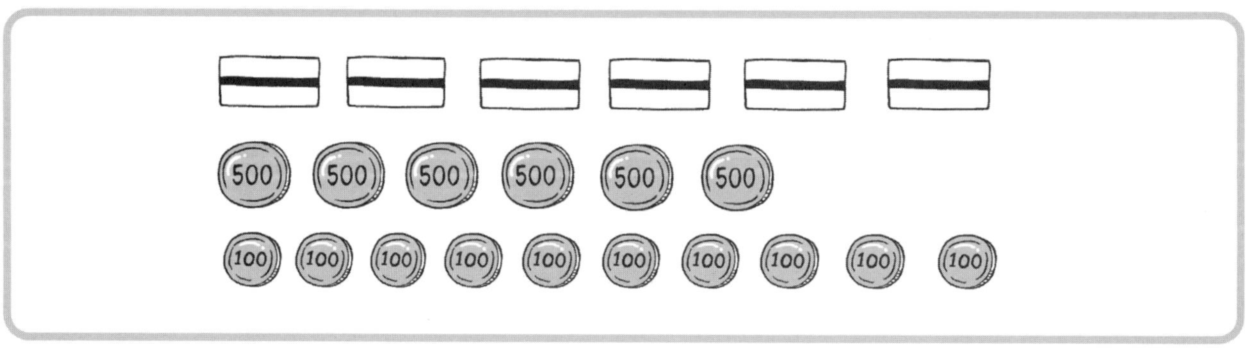

치료 전 알아두기

'밖에' 는 선행 어휘의 수량의 크기나 많음 정도가 낮음을 강조하고, **'이나'** 는 선행 어휘의 수량의 크기나 많음 정도가 높음을 강조한다.

예 과자가 두 개나 있어요.

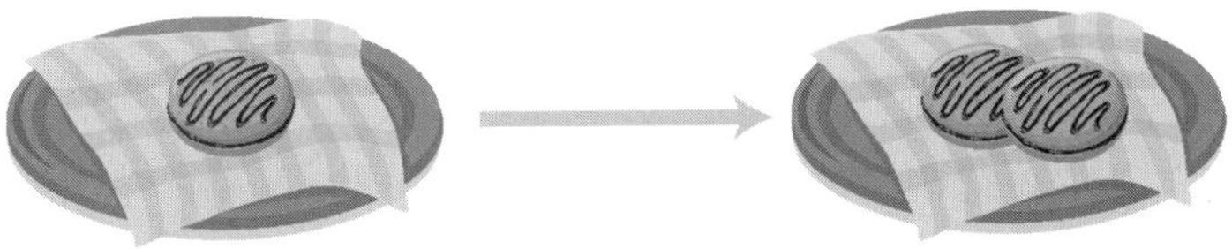

예상 혹은 기대 실제

과자가 한 개밖에 없어요.

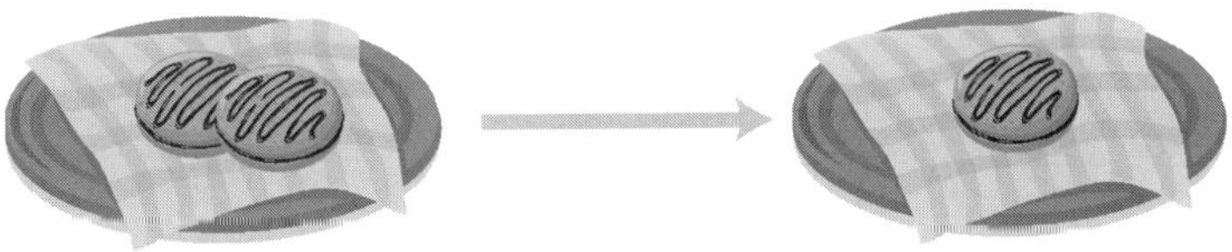

예상 혹은 기대 실제

참고 이 조사의 선택은 객관적 기준보다는 사물을 대하는 화자의 기대나 실망감과 같은 심리 상태에 따라 달라진다. 따라서 그 사물에 대해 화자가 미리 가지고 있었던 예상과 기대 수준을 미리 이해시키는 과정이 필요하다.

1 단원 목표

예상과 결과에 대한 심리적 요인을 고려하여 '밖에' 와 '이나' 를 상황에 따라 적절히 사용할 수 있다.

2 치료 전후 수행수준 검사

문장을 듣고 빠진 말을 넣어 완전한 문장으로 말해 보세요.

보기

치료사가 직접 시범을 보여 주세요.

❶ "두 개? 없어." ⇨ "두 개밖에 없어."
❷ "아홉 개? 모았다." ⇨ "아홉 개나 모았다."

수행수준 평가

보기 문항으로 이해를 도운 다음에 실시하기

문항	정답	치료 전 수행수준		치료 후 수행수준	
		T	F	T	F
1. 다 먹고 세 개? 안 남았어.	밖에				
2. 밥을 세 그릇? 먹어서 배가 불러요.	이나				
3. 지금 집에 나? 없어요.	밖에				
4. 가진 건 이거? 없어요.	밖에				
5. 삼백 원? 없어서 못 샀어요.	밖에				
6. 80점? 받다니 잘했네.	이나				
7. 이천 원? 한다니 너무 비싸다.	이나				
8. 저녁? 시간이 없어요.	밖에				
9. 두 번? 우승을 했대요.	이나				
10. 일주일? 학교에 못갔대요.	이나				
정확도		/10		/10	

* T－정반응, F－오반응

3 치료 적용의 예

1) 개념 적용

컴퓨터나 핸드폰에서 사용하는 이모티콘이라는 그림으로 깃발을 만들어 볼 거예요.

❶ 무슨 표정인지 맞춰 보세요.

(o)(o)	—_—
놀란 표정	실망한 표정

❷ 색종이에 위 그림을 따라 그리고 놀란 표정 밑에는 '나', 실망한 표정 밑에는 '밖에' 라고 이름을 쓴 후 깃발을 만들어 주세요.

❸ 놀란 표정 깃발의 이름은 '나', 실망한 표정 깃발의 이름은 '밖에' 예요.
선생님이 지시하는 깃발을 들어 주세요. 깃발을 들 때는 꼭 깃발 이름을 외쳐 주세요.

① 먼저 선생님의 표정을 보고 같은 표정을 골라 주세요.

- 우와, 다섯 개다! ('나' 깃발 들면) 맞아요. 우와, 다섯 개나 있네.
- 에이, 다섯 개다! ('밖에' 깃발 들면) 맞아요. 에이, 다섯 개밖에 없네.

② 다음의 상황을 듣고 어떤 표정이 될지 생각해 보고 깃발을 들어 주세요.

- 동생과 도넛을 먹으려고 해요. 상자를 열어 보니 도넛이 한 개예요. ('밖에' 깃발 들면) 맞아요. 한 개(밖에) 없어요.
- 착한 일을 하면 스티커를 받아요. 친구들은 한 개씩 받았는데 영희는 세 개 받았어요. ('나' 깃발 들면) 네, 영희는 세 개(나) 받았네요.
- 우리 가족은 할머니댁에 놀러 갈 건데요. 한 밤 자고 올 줄 알았더니 다섯 밤 자고 온대요. ('나' 깃발 들면) 네, 다섯 밤(이나) 자고 오네요.
- 동생이 크레파스를 몽땅 부러뜨려 놓았어요. 부러지지 않은 것은 겨우 세 자루 뿐이에요. ('밖에' 깃발 들면) 네, 세 자루(밖에) 안 남았네요.

2) 구문 적용

다음 이야기를 읽고 상황에 맞는 표정을 고른 후 __________ 안에 빠진 말을 넣어 보세요.

꿀돌이 오빠와 동생 꿀순이는 엄마 생신잔치를 준비하려고 저금통을 깼어요.

❶ ((o)(o), ㅡ_ㅡ)

꿀돌이는 저금통이 무거우니까 동전이 100개쯤 들어 있을 줄 알았는데 10개__________ 들어 있지 않았어요.

❷ ((o)(o), ㅡ_ㅡ)

꿀순이는 저금통이 가벼우니까 동전이 3개 정도 들어 있을 줄 알았는데 10개__________ 들어 있었어요.

❸ ((o)(o), —_—)

꿀돌이와 꿀순이는 꺼낸 동전을 가지고 빵집에 갔어요.

그런데 빵집에 가 보니 케이크는 다 팔리고 도넛__________ 없었어요.

❹ ((o)(o) , —_—)

할 수 없이 꿀돌이와 꿀순이는 도넛과 생일 초를 사 가지고 나왔어요.

그런데 꿀돌이가 한눈을 팔다가 한 번도 아니고 다섯 번__________ 넘어질 뻔했어요.

꿀순이는 꿀돌이 오빠에게 조심하라고 했어요.

❺ ((o)(o), ㅡ_ㅡ)

집으로 오다 보니 불이 켜져 있어서 아빠와 엄마가 오셨는 줄 알았는데 아빠__________ 안 계셨어요.

❻ ((o)(o), ㅡ_ㅡ)

잠시 후 엄마가 돌아오시자마자 생신잔치가 시작되었어요.

꿀돌이 엄마는 서른 살이니까 초를 세 개 꽂아야 하는데 꿀순이는 모르고 네 개__________ 꽂아서 모두 웃었어요.

❼ ((o)(o), —_—)

생신잔치가 끝나고 꿀돌이와 꿀순이는 엄마가 시키지도 않았는데도 깨끗하게 설거지를 했어요.

꿀돌이 엄마는 기특한 꿀돌이와 꿀순이에게 동전을 다섯 개씩__________ 주셨답니다.

3) 상황 적용

강아지 키우기

준비물	모양이 다른 강아지 3마리 그림, 개집 3개(칼집을 넣어 강아지를 반쯤 끼울 수 있게 만든 집), 먹이통 그림 3개, 뼈다귀 그림 3개, 강아지 목줄 그림 4개, 강아지 옷 그림 5벌, 전화번호가 적힌 개목걸이 5개

강아지 세 마리를 키우려고 해요. 선생님이 강아지에게 필요한 물건을 줄 거예요. 모자란 것은 달라고 하고 남는 것은 선생님에게 돌려 주세요.

❶ 먼저 강아지 세 마리를 가지세요. 이름을 지어 주어도 좋아요.

❷ 여기 집이 두 채 있어요. 강아지 집에 강아지를 넣어 보세요. (집을 더 주세요.) 왜요? (모자라요.) 강아지는 세 마리인데 집은? (두 개밖에 없어요.)

❸ 먹이를 주기로 해요. 먼저 먹이통 한 개를 줄게요. (더 주세요.) 강아지는 세 마리인데 먹이통은? (한 개밖에 없어요.)

❹ 먹이통 안에 먹이를 넣어 주세요. 자, 여기 뼈다귀가 두 개 있어요. (더 주세요.) 아, 강아지는 세 마리인데 뼈다귀는? (두 개밖에 없어요.)

❺ 이제 강아지 산책을 시켜 볼까요. 강아지 옷이 다섯 벌 있어요. 입혀 주세요. (남았어요.) 강아지는 세 마리인데 옷은? (다섯 벌이나 있어요.)

❻ 강아지가 도망가지 않게 목줄로 묶어야 해요. 자, 여기 목줄이 네 개가 있어요. (남았어요.) 아, 강아지는 세 마리인데 목줄은? (네 개나 있어요.)

❼ 강아지를 잃어버리면 연락을 받을 수 있게 개목걸이도 걸어 주세요. 여기 개목걸이가 다섯 개 있어요. (남았어요.) 개목걸이가? (다섯 개나 있어요.)

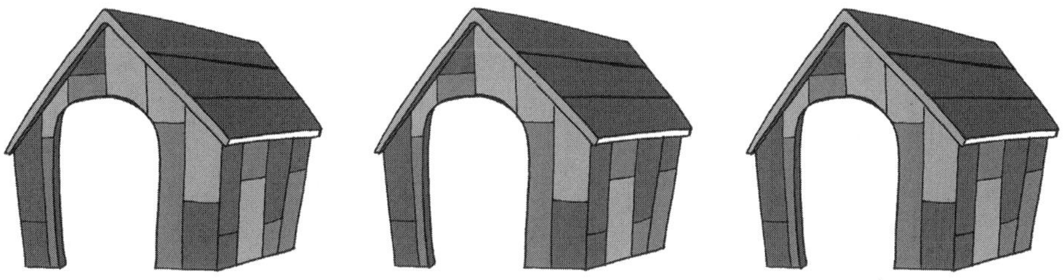

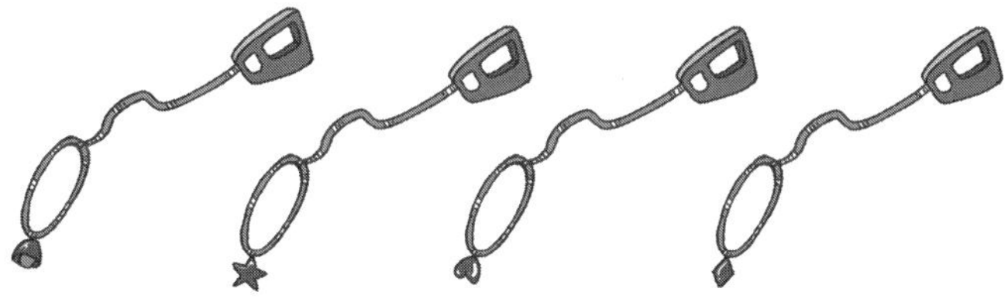

2 명사(의존명사) 치료 프로그램

- 다음, 전에
- –대로
- –것
- –동안
- –뻔하다
- –수(1)
- –수(2)
- –줄(1)
- –줄(2)

[다음, 전에]

치료 전 알아두기

'다음' 은 두 가지 이상의 행동의 순차적 배열을, **'전에'** 는 두 가지 이상의 행동의 역행적 배열을 나타낸다.

은, ㄴ + '다음에'
기 + '전에'

예 양말을 벗은 다음에 발을 씻었어요.
발을 씻기 전에 양말을 벗었어요.

참고 대체로 언어장애아동들은 순행의 순서는 비교적 수월하게 받아들이지만 역행의 개념 습득에 어려움을 보이는 경우가 많으므로 정확한 개념을 먼저 습득할 수 있도록 도와주는 것이 필요하다.

1 단원 목표

순차 · 역행 순서의 의미기준에 따라 '다음' 과 '전에' 를 정확하게 구별하여 사용할 수 있다.

2 치료 전후 수행수준 검사

문장을 듣고 빠진 말을 넣어 완전한 문장으로 말해 보세요.

보기

치료사가 직접 시범을 보여 주세요.

❶ "영희가 비누칠한 ? 물로 헹구었다."

⇨ "영희가 비누칠한 다음에 물로 헹구었다."

❷ "밥 먹기 ? 손 씻어라."

⇨ "밥 먹기 전에 손 씻어라."

수행수준 평가

보기 문항으로 이해를 도운 다음에 실시하기

문항	정답	치료 전 수행수준		치료 후 수행수준	
		T	F	T	F
1. 장난감 가지고 논 ? 정리를 하세요.	다음에				
2. 자기 ? 일기를 써라	전에				
3. 문 열기 ? 노크하세요.	전에				
4. 숙제한 ? 책가방을 쌌어요.	다음에				
5. 은주가 한 ? 내가 할 거야.	다음에				
정확도		/5		/5	

* T – 정반응, F – 오반응

3 치료 적용의 예

1) 개념 적용

도형 지시대로 그리기

– 다음에

❶ ○를 그린 다음에 △를 그리세요.

❷ □를 그린 다음에 ○를 그리세요.

❸ △를 그린 다음에 □를 그리세요.

❹ 먼저 그린 도형은 빨간색으로 칠하고 나중에 그린 도형은 파란색으로 칠해 주세요.

❺ 이제 그린 도형을 '–한 다음에'를 붙여 선생님에게 설명해 주세요.

– 전에

❻ ○를 그리기 전에 △를 그리세요.

❼ □를 그리기 전에 △를 그리세요.

❽ ○를 그리기 전에 □를 그리세요.

❾ 민저 그린 도형은 빨간색으로 칠하고 나중에 그린 도형은 파란색으로 칠해 주세요.

❿ 이제 그린 도형을 '–전에'를 붙여 선생님에게 설명해 주세요.

2) 구문 적용

구문 연습

보기	바꾸기 연습
다녀왔어요	________ 다음에
일어났어요	________ 다음에
밥 먹었어요	________ 다음에
가요	________ 전에
자요	________ 전에
먹어요	________ 전에

어느 날 동생이 다음과 같은 질문을 했어요. 다음의 그림을 보고 답해 보세요.

❶ '다녀오겠습니다' 인사는 언제 해?

❷ '다녀왔습니다' 인사는 언제 해?

❸ '안녕히 주무셨어요?' 인사는 언제 해?

❹ '안녕히 주무세요' 인사는 언제 해?

❺ '잘 먹겠습니다' 인사는 언제 해?

❻ '잘 먹었습니다' 인사는 언제 해?

3) 상황 적용

무엇이 잘못되었을까요? 잘못된 점과 이유를 이야기하고 '다음'과 '전에'를 넣어 어떻게 하면 좋을지 이야기해 보세요.

상황 적용 참고

❶ 철수는 슈퍼에서 돈을 내지 않고 아이스크림을 먹었어요. 돈을 낸 다음에 아이스크림을 먹어야 돼요.

❷ 철수는 아이스크림을 먹고 껍질을 아무 데나 버렸어요. 아이스크림을 먹은 다음에 껍질을 휴지통에 버려야 돼요.

❸ 영희는 친구에게 허락을 받지 않고 친구 연필을 가져다 썼어요. 친구 연필을 가져다 쓰기 전에 친구에게 허락을 받아야 돼요.

❹ 영희는 방에서 인형놀이를 하다가 치우지 않고 밖에 놀러 나갔어요. 놀러 나가기 전에 인형놀이 한 것을 치워야 돼요.

[–대로]

치료 전 알아두기

'–대로' 는 '앞말이 뜻하는 바와 같이, 그때마다' 의 의미로 쓰인다.
'대로' 는 '마음대로' '생각대로' 와 같이 명사에 붙는 경우 조사의 기능을 하며 명사에 붙여 쓴다.

은, ㄴ/는/을, ㄹ + '대로'

㉥ 불러 주는 대로 받아쓰세요.
누나가 써 놓은 대로 똑같이 썼다.

참고 '–데로' 에서의 '데' 는 장소나 공간으로서 '특정 장소로' 의 의미를 지니기 때문에 구분해 사용할 필요가 있다.
이 단원에서는 주로 현재형의 관형사형 어미와 함께 동일성의 개념과 연관 지어 접근할 수 있다.

1 단원 목표

관형사형 어미활용을 할 수 있고 의미와 상황에 맞게 '-대로' 를 적절히 사용할 수 있다.

2 치료 전후 수행수준 검사

문장을 듣고 빠진 말을 넣어 완전한 문장으로 말해 보세요.

보기

치료사가 직접 시범을 보여 주세요.

❶ "시키는 ? 하세요." ⇨ "시키는 대로 하세요."

❷ "말하는 ? 따라하세요." ⇨ "말하는 대로 따라 하세요."

수행수준 평가

보기 문항으로 이해를 도운 다음에 실시하기

문항	정답	치료 전 수행수준		치료 후 수행수준	
		T	F	T	F
1. 써 놓은 ? 똑같이 따라 썼다.	대로				
2. 움직이는 ? 따라 한다.	대로				
3. 말하는 ? 똑같이 말하는 앵무새	대로				
4. 불러 주는 ? 받아썼다.	대로				
5. 강아지는 던져 주는 ? 다 받아먹었다.	대로				
정확도		/5		/5	

* T -정반응, F-오반응

3 치료 적용의 예

1) 개념 적용

길 순서 기억력 게임

준비물	숫자가 적힌 판, 숫자 순서가 적혀 있는 종이

바닥에 숫자가 적힌 커다란 판을 놓으세요. 가위바위보를 해서 이긴 사람이 "내가 밟는 순서대로 밟아요." 하고 외치고 종이에 적힌 순서대로 숫자를 밟으세요. 다 밟은 후 술래가 기억해서 그대로 해야 해요. 금을 밟으면 안 되고 순서가 틀리면 "내가 밟은 순서대로 해야죠." 라고 외치세요.

예

1	2	3
4	5	6

1−2−6

2−5−1−4

2−5−3−6

1−6−5−2−3

로봇 놀이

아동이 무선조종기를 누르는 시늉을 하면서 지시를 하면 선생님이 로봇이 되어 아동의 지시대로 해요. 아동은 지시를 내리기 전에 "내가 시키는 대로 하세요. 오른팔을 드세요." 라고 말해요.

2) 구문 적용

구문 연습

보기	바꾸기 연습
해요	______________ 대로
그려요	______________ 대로
써요	______________ 대로
말해요	______________ 대로
먹어요	______________ 대로

다음 그림을 보고 괄호 안에 넣을 말을 찾아보세요.

❶ 영희는 철수의 따라쟁이예요.

뭐든지 철수가 ______________

따라해요.

미술 시간에는 철수가

____

똑같이 따라 그려요.

❷ 글짓기 시간에는 철수가

__________ 똑같이 써요.

❸ 발표 시간에는 철수가 __________

똑같이 말해요.

❹ 점심 시간에는 철수가 __________

똑같이 먹어요.

3) 상황 적용

다음의 질문에 대한 다양한 답을 상상해서 이야기해 보세요.

❶ 자고 싶은 대로 다 잔다면

❷ 먹고 싶은 대로 다 먹는다면

❸ 말하는 대로 다 이루어진다면

❹ 내가 시키는 대로 강아지가 다 한다면

❺ 내가 하자는 대로 엄마가 다 해 준다면

[–것]

치료 전 알아두기

'–것' 은 사물이나 현상 또는 사실 등을 두루 나타내며 관형사형 어미와 함께 관계대명사의 역할을 한다.

은, ㄴ/는/을, ㄹ + '것'

예 먹은 것, 먹는 것, 먹을 것

다 먹은 것은 치워라.

지금 먹는 거 말고는 다 내일 먹을 거예요.

참고 동사의 관형사형 활용이 원활하도록 연습할 필요가 있지만 시제에 따른 관형사형 어미의 선택은 이 단원보다는 시제 단원에서 다루는 것이 혼란을 줄일 수 있다. 간단한 관형사형 활용은 분류 개념과 관련지어 접근할 수 있다.

1 단원 목표

분류 개념을 적용해서 관형사형 어미활용, '-것' 을 의미와 상황에 맞게 적절히 사용할 수 있다.

2 치료 전후 수행수준 검사

문장을 듣고 빠진 말을 넣어 완전한 문장으로 말해 보세요.

보기

치료사가 직접 시범을 보여 주세요.

❶ "지우는 [?] 주세요." ⇨ "지우는 것 주세요."

❷ "연필은 쓰는 [?] 예요." ⇨ "연필은 쓰는 거예요."

수행수준 평가

보기 문항으로 이해를 도운 다음에 실시하기

문항	정답	치료 전 수행수준		치료 후 수행수준	
		T	F	T	F
1. 의자는 앉는 [?] 예요.	거				
2. 더 가져갈 [?] 있어요?	거				
3. 이 로봇은 새로 나온 [?] 예요.	거				
4. 공부할 [?]이 너무 많아서요.	것				
5. 틀린 [?]은 조금밖에 없어요.	것				
정확도		/5		/5	

* T - 정반응, F - 오반응

3 치료 적용의 예

1) 개념 적용

분류놀이

❶ 선생님이 들려주는 보기를 듣고 보는 것이면 눈에, 먹는 것이면 입에, 하는 것이면 손에 스티커를 붙여 주세요.

보기	책, 사탕, 텔레비전, 숙제, 만두, 가위바위보

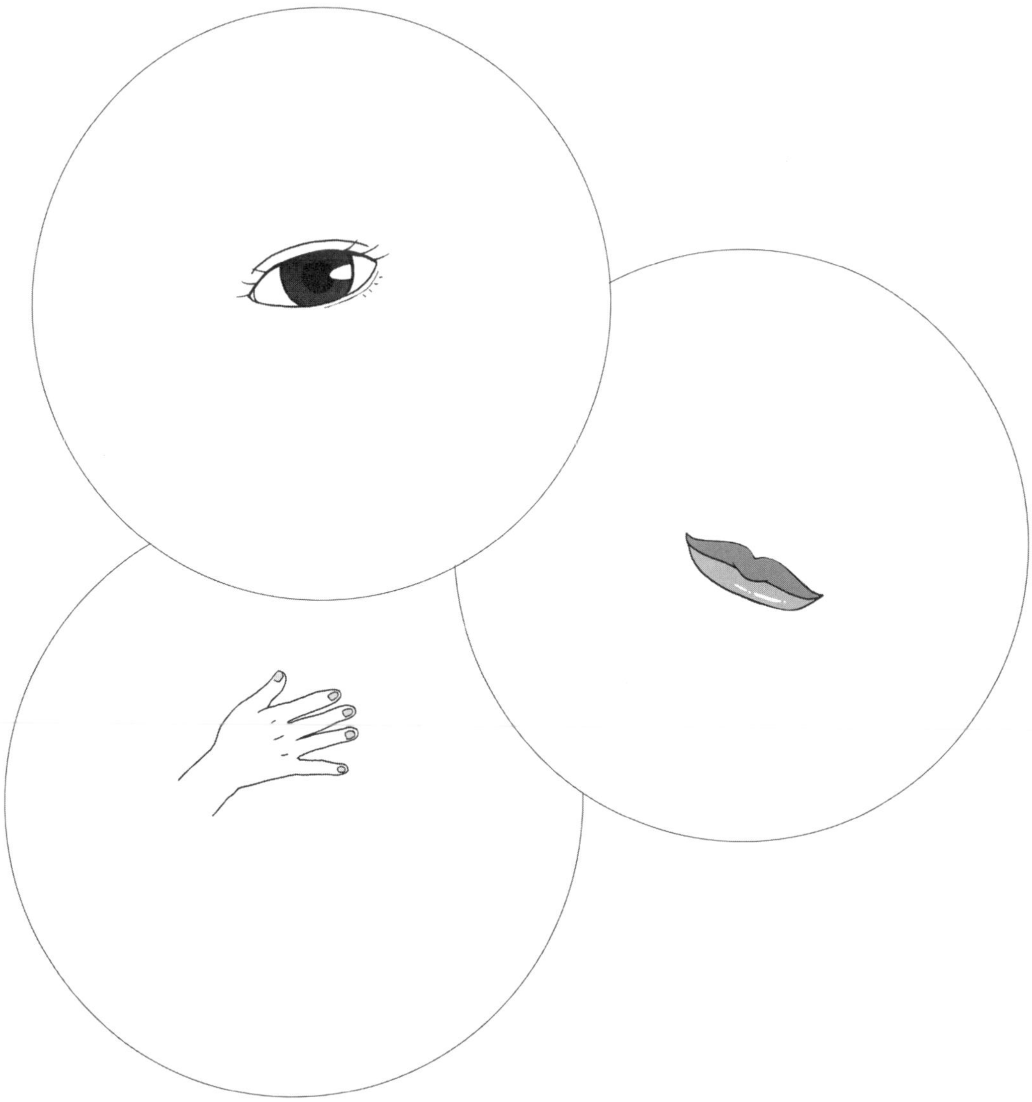

❷ 그림을 짚어 가며 선생님이 앞말을 하면 뒷말을 완성해 주세요.

예 책은? (보는 거에요)

사탕은? ______________________________

텔레비전은? ______________________________

숙제는? ______________________________

만두는? ______________________________

가위바위보는? ______________________________

2) 구문 적용

구문 연습

❶ (챈트)로 리듬을 넣어 말해 보세요.

보기	바꾸기 연습
가위로 오려요. 가위로 오려요. 가위는 가위는?	________________ 거
연필로 써요. 연필로 써요. 연필은 연필은?	________________ 거
풀로 붙여요. 풀로 붙여요. 풀은 풀은?	________________ 거
휴지로 닦아요. 휴지로 닦아요. 휴지는 휴지는?	________________ 거
지우개로 지워요. 지우개로 지워요. 지우개는 지우개는?	________________ 거
색종이를 접어요. 색종이를 접어요. 색종이는 색종이는?	________________ 거

❷ 슈퍼놀이

준비물	1～4까지 적혀 있는 종이컵, 강화과자(씹는 데 오래 걸리지 않는 작은 과자)

가위, 연필, 풀, 휴지, 지우개, 색종이 등을 놓고 물건을 팔아요. 규칙은 물건 이름 대신에 '~하는 거 주세요'로 표현하기예요.

예 손님: 오리는 거 주세요.
주인: 아, 오리는 거요? 오리는 거 여기 있습니다.
손님: 오리는 거 얼마예요?
주인: 오리는 거 백 원이에요.

3) 상황 적용

카드놀이

준비물	음식, 탈것, 도구 등의 그림이 그려져 있는 그림카드를 두 장씩 준비

사물카드를 다섯 장씩 나누어 가져요. 자기 차례가 왔을 때 같은 종류가 있는 것이면 내려놓을 수 있어요. 없으면 상대방에게 "먹는 거 있어요?" 라고 물어서 있으면 얻을 수 있어요. 상대방도 없으면 바닥에 놓인 나머지 카드 중에서 한 장을 가져와야 돼요. 먼저 카드를 다 버리는 사람이 이기는 게임이에요

[—동안]

치료 전 알아두기

'—동안' 은 어떤 동작이 계속되는 시간이나, 앞문장의 동작이 행해지는 중에 뒷문장의 일이 일어나는 경우에 주로 쓰인다.

는 + '동안'

예 누나를 기다리는 동안 책을 읽었어요.

참고 동작이 진행되는 시간을 뜻하기 때문에 현재형 관형사형 어미와 결합한다.
앞문장과 뒷문장의 동일한 시간 내의 비교를 통해 의미에 접근할 수 있다.

1 단원 목표

동일한 시간 내의 비교 개념과 관형사형 어미활용 '-동안' 을 의미와 상황에 맞게 적절히 사용할 수 있다.

2 치료 전후 수행수준 검사

문장을 듣고 빠진 말을 넣어 완전한 문장으로 말해 보세요.

보기

치료사가 직접 시범을 보여 주세요.

❶ "쉬는 [?] 물을 마셨다."
⇨ "쉬는 동안 물을 마셨다."

❷ "산을 오르는 [?] 날이 저물었다."
⇨ "산을 오르는 동안 날이 저물었다."

수행수준 평가

보기 문항으로 이해를 도운 다음에 실시하기

문항	정답	치료 전 수행수준		치료 후 수행수준	
		T	F	T	F
1. 방청소를 하는 [?] 엄마가 간식을 만들어 주셨다.	동안				
2. 수영하는 [?] 까맣게 탔다.	동안				
3. 밥 먹는 [?] 텔레비전을 볼 수 있다.	동안				
4. 공부하는 [?] 계속 머리가 아팠다.	동안				
5. 동생이 나가 노는 [?] 나는 동생 장난감을 가지고 놀았다.	동안				
정확도		/5		/5	

* T - 정반응, F - 오반응

3 치료 적용의 예

1) 개념 적용

아파트 책쌓기 대결

지금부터 선생님과 아파트 책쌓기 대결을 할 거예요.
먼저 책 한 권을 90도로 펼쳐서 세우고 그 위에 다른 책 한 권을 뉘어서 올리면 한 층이 완성되요.

❶ 다섯을 세는 동안 몇 층을 쌓을 수 있는지 대결해 봐요.
⇨ 다섯을 세는 동안 선생님은 2층을 쌓았어요.
다섯을 세는 동안 ○○는 1층 반을 쌓았어요.

❷ 이번에는 ○○가 세기로 해요. 몇을 세는 동안 쌓는 걸로 할까요?
⇨ (열을 세는 동안 쌓는 걸로 해요.)
좋아요, 시작!
열을 세는 동안 선생님은 5층을 쌓았어요.
열을 세는 동안 ○○는 6층을 쌓았어요.

❸ 이긴 사람이 아파트 책을 무너뜨릴 수 있어요. 누가 이겼나요? (○○요.)
왜요? (내가 6층을 쌓는 동안 선생님은 5층을 쌓았으니까요.)

2) 구문 적용

구문 연습

보기	바꾸기 연습
청소해요	________________ 동안
빨래해요	________________ 동안
시장봐요	________________ 동안
화장해요	________________ 동안
요리해요	________________ 동안
설거지해요	________________ 동안

엄마가 철수에게 과자를 먹지 말라고 했어요. 그런데 철수는 과자가 먹고 싶어서 몰래몰래 과자를 먹었대요. 철수가 먹은 과자에 먹은 자국을 그려 주세요. 그리고 '–하는 동안'을 넣어 철수가 언제 과자를 먹었는지 이야기해 보세요.

과일·야채

3) 상황 적용

그림을 보고 이야기해 보세요. 무엇이 잘못되었을까요? 잘못된 점과 이유를 이야기하고 어떻게 하면 좋을지 생각해 보세요.

상황 적용 참고

❶ 엄마가 전화하시는 동안 큰 소리로 노래연습을 했어요.
엄마가 전화하시는 동안 떠들면 전화소리가 들리지 않아요.
엄마가 전화하시는 동안에는 조용히 해야 해요.
❷ 누나가 그림 그리는 동안 공을 가지고 놀았어요.
❸ 아빠가 식사하시는 동안 식탁을 닦았어요.
❹ 친구가 혼나는 동안 장난을 쳤어요.
❺ 형이 청소하는 동안 블록을 가지고 놀았어요.
❻ 버스를 타고 가는 동안 큰 소리로 떠들었어요.

토끼와 거북이 달리기 시합 중계방송

준비물	토끼와 거북이 그림(손등에 붙일 만한 크기), 경주 코스, 마이크

토끼와 거북이가 경주를 했어요.
누가 이기고 있는지 중계방송을 하려고 해요.

❶ 먼저 선생님이 중계방송을 하고 ○○가 토끼와 거북이를 움직일 거예요.
토끼는 오른 손등에 거북이는 왼 손등에 붙여 주세요.
오른손의 검지와 중지로 깡충깡충 뛰는 시늉을 해 보세요.
왼손의 검지와 중지로 느릿느릿 기어가는 시늉을 해 보세요
선생님이 중계방송을 하면 잘 듣고 그대로 토끼와 거북이를 움직여 보세요.

중계방송: 지금부터 토끼와 거북이의 달리기 시합 중계방송을 시작하겠습니다.
말씀드리는 순간 토끼와 거북이의 달리기 시합이 시작되었습니다.
토끼가 놀이터까지 가는 동안 거북이는 병원까지 갔습니다.
토끼가 학교까지 가는 동안 거북이는 공장까지 갔습니다.
토끼가 나무까지 가는 동안 거북이는 교회까지 갔습니다.
아, 그런데 이게 웬일입니까?
토끼가 잠이 들었군요.
토끼가 잠을 자는 동안 거북이는 산 정상에 도착했습니다.
감격의 순간, 거북이가 승리했습니다.
이상으로 중계방송을 마치겠습니다.

❷ 이번에는 선생님이 손등에 토끼와 거북이를 붙일 거예요. 선생님이 토끼와 거북이를 움직이면 ○○가 마이크를 잡고서 중계방송을 해 주세요.

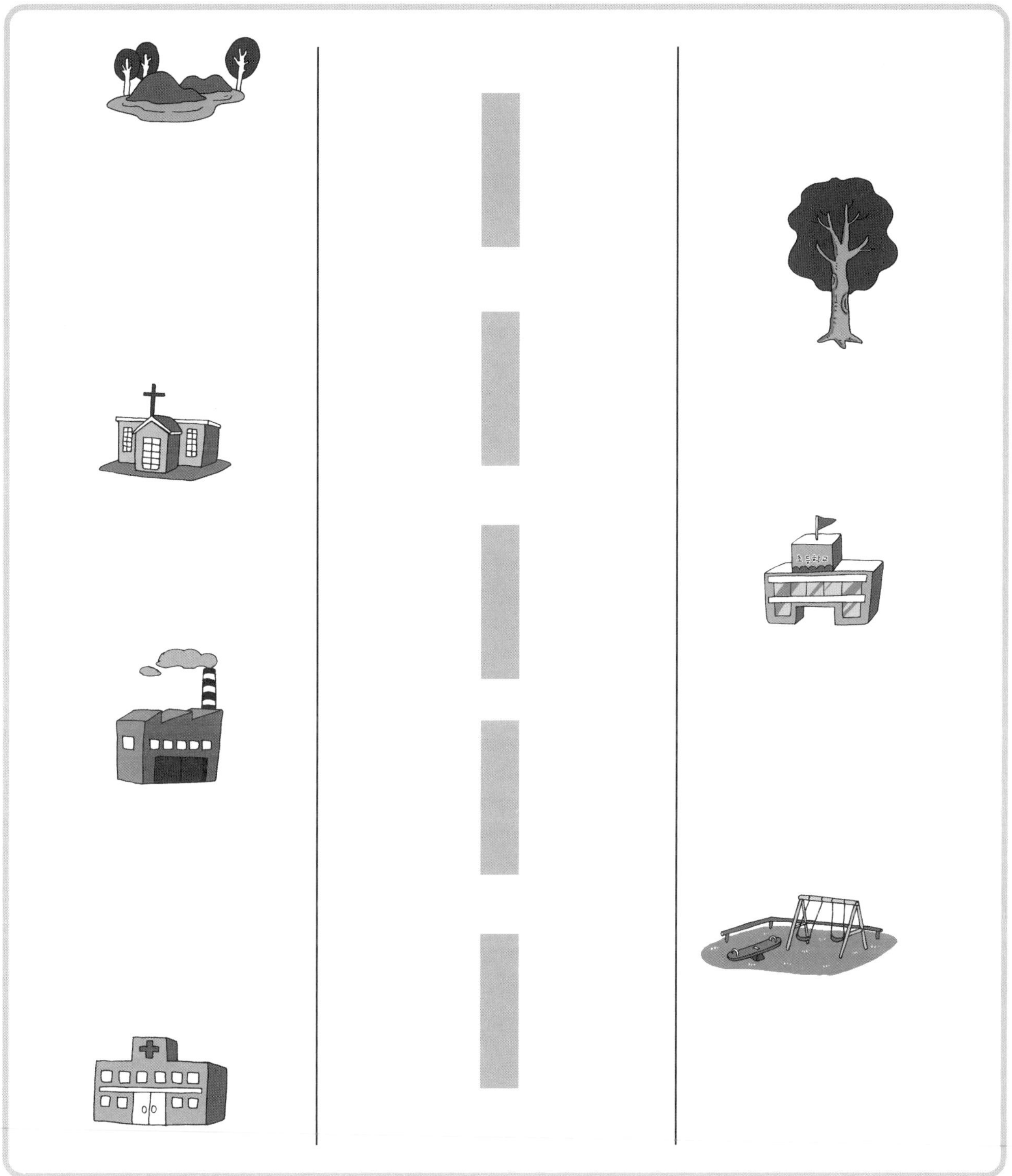

[–뻔하다]

치료 전 알아두기

'–뻔하다' 는 어떤 사건이 일어날 위험이 높았으나 그렇게 되지 않은 경우에 사용된다.

예 붙잡힐 뻔했어요. (하지만 붙잡히지는 않았어요.)

눈물이 날 뻔했어요. (하지만 눈물이 나지는 않았어요.)

참고 사건의 예측과 일어난 결과 사이의 차이를 인식하는 것이 전제되어야 한다.

1 단원 목표

관형사형 어미활용과 함께 부정적 추측의 상황에서 '－뻔하다' 를 적절히 사용할 수 있다.

2 치료 전후 수행수준 검사

문장을 듣고 빠진 말을 넣어 완전한 문장으로 말해 보세요.

보기

치료사가 직접 시범을 보여 주세요.

❶ "넘어질 ? "

⇨ "넘어질 뻔했다."

❷ "늦게 일어나서 지각할 ?"

⇨ "늦게 일어나서 지각할 뻔했다."

수행수준 평가

보기 문항으로 이해를 도운 다음에 실시하기

문항	정답	치료 전 수행수준		치료 후 수행수준	
		T	F	T	F
1. 한눈팔다가 버스를 놓칠 ?	뻔했다				
2. 계단에서 구를 ?	뻔했다				
3. 컵을 떨어뜨릴 ?	뻔했다				
4. 친구와 부딪칠 ?	뻔했다				
5. 개한테 물릴 ?	뻔했다				
정확도		/5		/5	

* T －정반응, F－오반응

3 치료 적용의 예

1) 개념 적용

자동차 멈추기 시합

준비물	장난감 자동차 두 대, 점수가 적혀 있는 정지선

자동차를 세게 밀고 손을 놓아요.
자동차가 책상 끝 정지선에 멈추어야 해요.
책상 끝에 가까울수록 점수가 높아요.
하지만 정지선을 넘어서면 책상 밑으로 추락하니 힘 조절을 잘 해야 해요.
시작해 보세요.
정지선 가까이에 갔을 때는 "떨어질 뻔했어요."라고 이야기하고 점수를 얻어요.
정지선을 넘어서면 "떨어졌어요."라고 이야기하고 점수는 얻지 못해요.

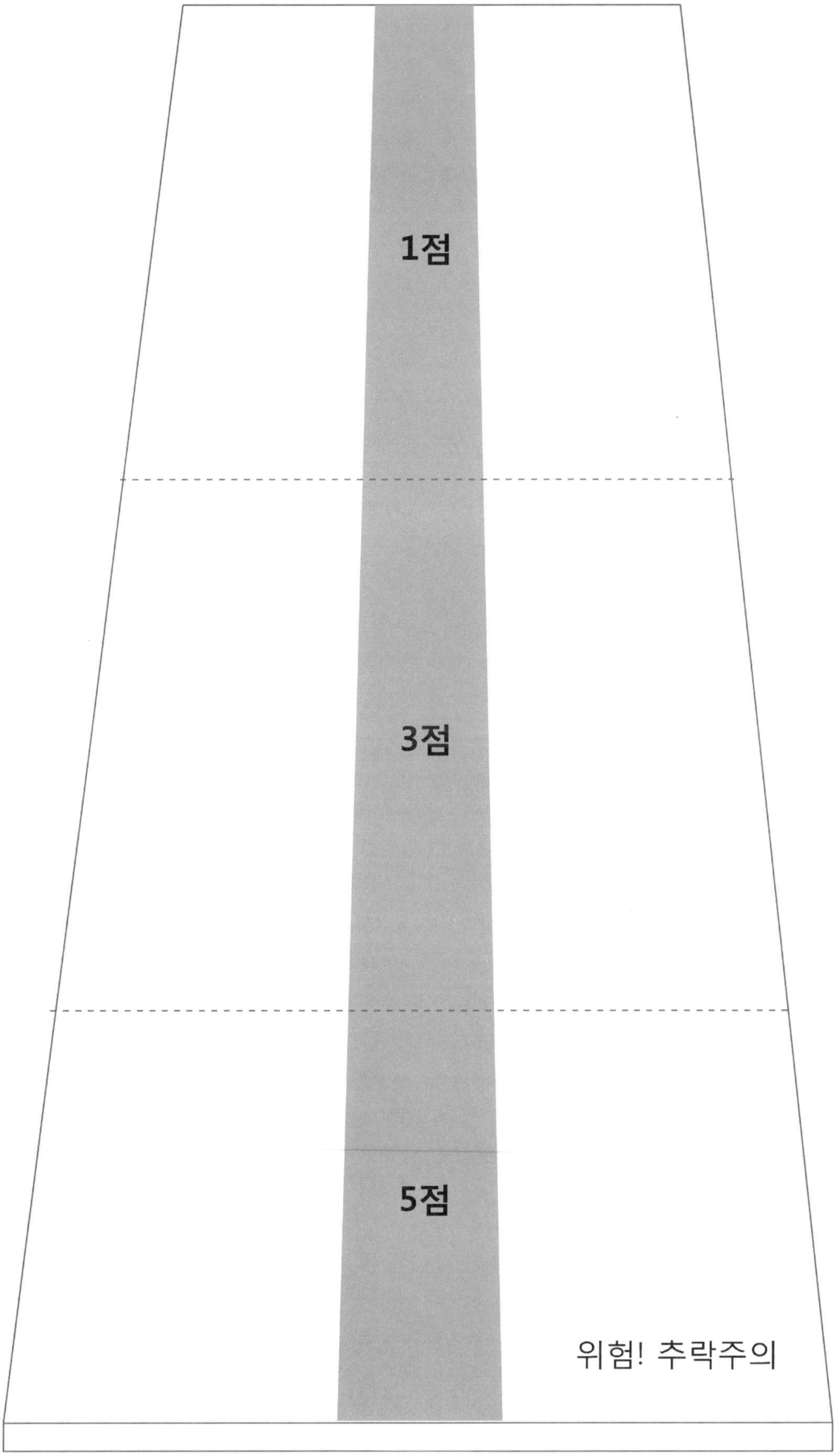
1점
3점
5점
위험! 추락주의

다음 그림을 보고 이야기해 보세요.

❶ 철수가 넘어졌나요?

(아니요. 철수가 넘어질 것 같았는데 안 넘어졌어요.)

그럼 철수는 넘어질 뻔했네요.

❷ 영희가 자전거에 부딪혔나요?

(아니요. 부딪히려고 하다가 안 부딪혔어요.)

그럼 영희는 부딪힐 뻔했네요.

❸ 아기가 떨어졌나요?

(아니요. 떨어지려고 했는데 엄마가 안아 줘서 안 떨어졌어요.)

아기가 떨어질 (뻔했어요.)

❹ 영희랑 철수가 싸웠나요?

(아니요. 싸우려고 하다가 참았어요.)

싸울 (뻔했어요.)

2) 구문 적용

구문 연습

보기	바꾸기 연습
버스를 놓쳤어요.	버스를 ________ 뻔했어요.
동전을 흘렸어요.	동전을 ________ 뻔했어요.
발을 밟았어요.	발을 ________ 뻔했어요.
넘어졌어요.	________ 뻔했어요.

다음 그림을 보고 이야기해 보세요.

• 철이는 한눈을 팔다가 버스를 ________ 했어요.

• 철이는 버스요금을 내다가 동전을 ________ 했어요.

• 철이는 차가 갑자기 멈추어서 앞사람 발을 ________ 했어요.

• 철이는 서둘러 내리다가 ________ 했어요.

3) 상황 적용

친구들이 실수를 할 뻔했던 기억들을 떠올려 보았어요. 어떤 일들인지 이야기해 보세요.

책가방을 서둘러 챙기다가

____

라면을 끓이다가

____

개집 앞을 지나가다가 개한테

____

마트에서 장난감 구경하다가

____

차도를 뛰어가다가 차에 ___________________

[−수(1)]

치료 전 알아두기

'−수' 는 동작에 대한 능력을 이야기할 때 사용한다.

'수' + 있어요, 없어요

예 나는 차를 고칠 수 있어요.

참고 '−수' 와 '−줄' 의 차이점은 '−수' 는 동작이나 과제가 가능한가에 초점을 맞추는 반면, '−줄' 은 동작이나 과제의 과정이나 절차에 대한 지식을 알고 있다는 것에 초점을 맞춘다.

예 나는 차를 고칠 수 있어요. (고장난 차의 수리를 할 능력이 있다.)

예 나는 차를 고칠 줄 알아요. (고장난 차의 수리 방법을 안다.)

1 단원 목표

관형사형 어미활용과 '–수' 를 의미와 상황에 맞게 적절히 사용할 수 있다.

2 치료 전후 수행수준 검사

문장을 듣고 빠진 말을 넣어 완전한 문장으로 말해 보세요.

보기

치료사가 직접 시범을 보여 주세요.

❶ "글씨를 배워서 이제 쓸 ? 있어요."

⇨ "글씨를 배워서 이제 쓸 수 있어요."

❷ "무거운 짐을 들 ? 있어요."

⇨ "무거운 짐을 들 수 있어요"

수행수준 평가

보기 문항으로 이해를 도운 다음에 실시하기

문항	정답	치료 전 수행수준		치료 후 수행수준	
		T	F	T	F
1. 혼자 할 ?	수 있어요				
2. 전화를 걸 ?	수 있어요				
3. 요리를 할 ?	수 있어요				
4. 이름을 쓸 ?	수 있어요				
5. 노래를 2절까지 부를 ?	수 있어요				
정확도		/5		/5	

* T – 정반응, F – 오반응

3 치료 적용의 예

1) 개념 적용

도전왕

준비물	스티커를 붙일 수 있는 동그라미판이 달린 메달 목걸이

선생님의 지시대로 시도해 본 후 성공하면 메달에 스티커를 붙일 거예요. 도전을 하고서 선생님의 질문에 대답해 보세요.

❶ 의자를 들어 보세요. 의자를 들 수 있나요, 들 수 없나요?
❷ 열을 셀 동안 한 발로 서 있어 보세요. 한 발로 서 있을 수 있나요, 서 있을 수 없나요?
❸ 세 바퀴 돌고 움직이지 마세요. 움직이지 않을 수 있나요, 움직이지 않을 수 없나요?
❹ 천장까지 뛰어올라 보세요. 뛰어오를 수 있나요, 뛰어오를 수 없나요?
❺ 날아 보세요. 날 수 있나요, 날 수 없나요?
❻ 선생님이 지우개를 던지면 잡아 보세요. 잡을 수 있나요, 잡을 수 없나요?

2) 구문 적용

구문 연습

보기	바꾸기 연습
책 보아요	책 ______________ 수 있어요.
냄새 맡아요	냄새 ______________ 수 있어요.
밥 먹어요	밥 ______________ 수 있어요.
그림 그려요	그림 ______________ 수 있어요.
공 차요	공 ______________ 수 있어요.

다음 질문에 답해 보세요. 선생님과 대결해서 더 많은 답을 말한 사람이 그림의 빈칸에 눈, 코, 입, 팔, 다리 등 신체 부위를 완성할 수 있어요.

❶ 눈으로 무엇을 할 수 있나요?

____

____

❷ 코로 무엇을 할 수 있나요?

____

____

❸ 입으로 무엇을 할 수 있나요?

____

____

❹ 손으로 무엇을 할 수 있나요?

____

____

❺ 발로 무엇을 할 수 있나요?

____

____

[나]

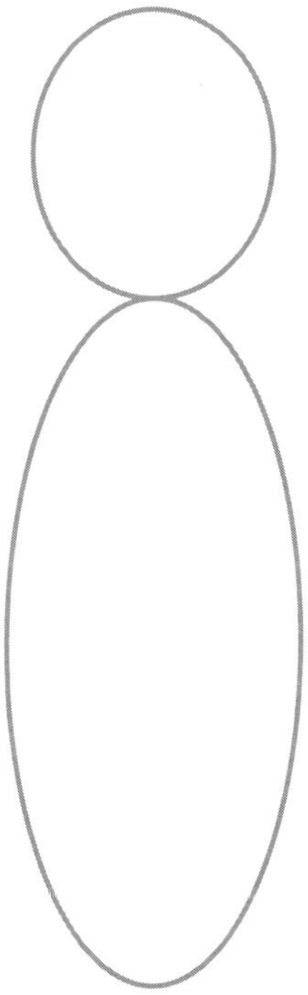

[선생님]

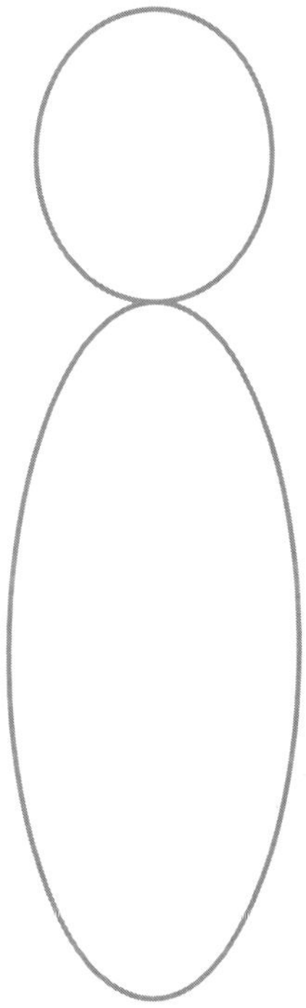

3) 상황 적용

다음의 그림자료에서 내가 아기였을 때, 지금과 같이 어린이일 때, 앞으로 어른이 되었을 때 할 수 있는 일과 할 수 없는 일들을 골라서 두 가지씩 오려 붙이고 이야기해 보세요.

그림자료

5/5
5/5

	할 수 있는 일	할 수 없는 일

치료 전 알아두기

'-수' 는 일어날 수 있는 가능성과 경우를 이야기할 때 사용한다.

'수' + 있어요, 없어요

예 안개가 끼면 잘 안 보일 수도 있어요.

참고 한 가지 사건에 대해 발생할 수 있는 다양한 결과들을 추측할 수 있어야 한다.

1 단원 목표

다양한 결과 예측과 함께 '-수' 의 부가적 의미를 알고 적절히 사용할 수 있다.

2 치료 전후 수행수준 검사

문장을 듣고 빠진 말을 넣어 완전한 문장으로 말해 보세요.

보기

치료사가 직접 시범을 보여 주세요.

❶ "없을 ? 있어요."
⇨ "없을 수도 있어요."

❷ "못 갈 ? 있어요."
⇨ "못 갈 수도 있어요."

수행수준 평가

보기 문항으로 이해를 도운 다음에 실시하기

문항	정답	치료 전 수행수준		치료 후 수행수준	
		T	F	T	F
1. 학원에 늦을 ? 있어요.	수도				
2. 사고가 날 ? 있어요.	수도				
3. 자리가 없을 ? 있어요.	수도				
4. 문이 닫혀 있을 ? 있어요.	수도				
5. 친구를 못 만날 ? 있어요.	수도				
정확도		/5		/5	

* T - 정반응, F - 오반응

3 치료 적용의 예

1) 개념 적용

다음 문제에 답한 후 실제로 그런지 확인해 보세요.

❶ ○○와 선생님이 가위바위보를 하면 누가 이길까요?
그러면 가위바위보를 해 봐요.(예상과 결과가 같은지 확인한 후)
그러니까 가위바위보를 하면 ○○가 이길 수도 있고 선생님이 (이길 수도 있어요.)

❷ 이 동전을 던지면 앞면이 나올까요, 뒷면이 나올까요?
그러면 동전을 던져 보세요. (예상과 결과가 같은지 확인한 후)
그러니까 동전을 던지면 앞면이 나올 수도 있고 뒷면이 (나올 수도 있어요.)

❸ 농구공을 골대에 던졌어요. 어떻게 될까요?
농구공을 골대에 던져 보세요. (예상과 결과가 같은지 확인한 후)
그러니까 농구공을 던지면 공을 넣을 수도 있고 (못 넣을 수도 있어요.)

❹ 선생님이 크레파스를 한 개 골랐어요.(아동이 크레파스를 보지 못하게 숨기고) 이 색깔은 ○○가 좋아하는 색깔일까요, 싫어하는 색깔일까요?
선생님이 고른 크레파스를 보여 줄게요. (예상과 결과가 같은지 확인한 후)
그러니까 크레파스를 고르면 좋아하는 색깔일 수도 있고 (싫어하는 색깔일 수도 있어요.)

2) 구문 적용

구문 연습

보기	바꾸기 연습
일어나요	________ 수 있어요.
걸어가요	________ 수 있어요.
택시 타요	________ 수 있어요.
막혀요	________ 수 있어요.
않아요	________ 수 있어요.
늦어요	________ 수 있어요.
서요	________ 수 있어요.

다음의 상황에서 일어날 수 있는 일들을 '–수'를 사용해서 이야기해 보세요.

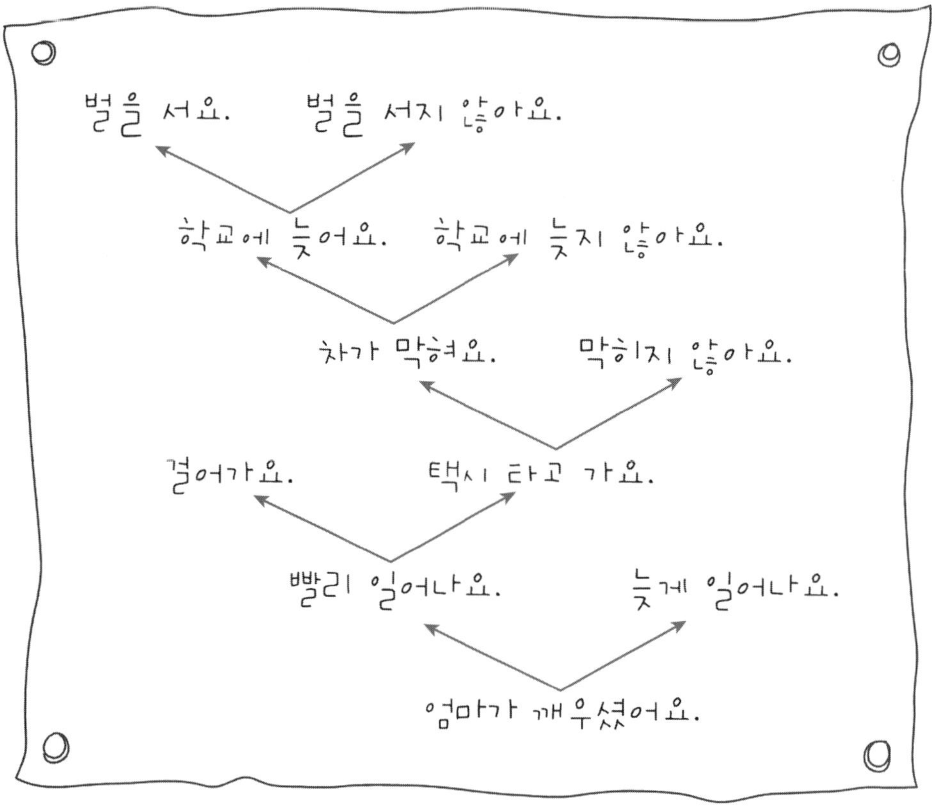

3) 상황 적용

누가 범인일까요?

식탁 위에 올려놓았던 사과 한 개가 없어졌어요. 과연 사과를 가져간 범인은 누구일까요? 범인이 될 수 있는 사람에 동그라미해 보세요.

❶ 부엌에는 엄마, 형, 강아지, 고양이, 파리가 있었어요. 이 중에서 누가 범인일 수 있을까요? '~일 수도 있고' 를 넣어 범인이 될 수 있는 사람이나 동물을 모두 말해 보세요.

(엄마, 형, 강아지, 고양이, 파리)

❷ 엄마는 누가 사과를 먹었냐고 화를 내셨어요. 그렇다면 누가 범인일 가능성이 있나요? 모두 말해 보세요.

(엄마, 형, 강아지, 고양이, 파리)

❸ 강아지는 다리를 다쳐서 식탁 위에 올라갈 수 없대요. 누가 범인일 가능성이 있나요? 모두 말해 보세요.

(엄마, 형, 강아지, 고양이, 파리)

❹ 씽크대 위에서 칼과 사과 껍질이 발견되었어요. 누가 범인일까요?

(엄마, 형, 강아지, 고양이, 파리)

어떻게 된 일일까요?

이야기를 듣고 여러 가지 가능성을 추측해 보고 모두 이야기해 보세요.

❶ 철수가 아이스크림을 사러 슈퍼에 갔다가 그냥 돌아왔어요. 어떻게 된 일일까요?

❷ 철수가 학교에 가 보니 아무도 없었어요. 어떻게 된 일일까요?

❸ 철수가 화장실에 다녀와 보니 책상 위에 두었던 지우개가 없어졌어요. 어떻게 된 일일까요?

❹ 공부가 끝났어요. 하지만 철수는 혼자서 화장실 청소를 해야 한대요. 어떻게 된 일일까요?

❺ 철수가 집에 돌아오니 엄마가 무척 화를 내셨어요. 어떻게 된 일일까요?

❻ 벨이 울려서 현관문을 열어 보니 모르는 아저씨가 서 있어요. 어떻게 된 일일까요?

❼ 저녁식사 시간이 되었는데도 동생과 아빠가 돌아오지 않았어요. 어떻게 된 일일까요?

[–줄(1)]

치료 전 알아두기

'–줄' 은 방법이나 능력을 이야기할 때 사용한다.

'줄' + 알아요, 몰라요

예 나는 글씨를 쓸 줄 알아요.

※ '수' 와 '줄' 의 차이점은 '수' 단원 참조

참고 '–수' 와 구별되는, 방법이나 과정에 대한 지식과 관련된 '–줄' 의 특성을 인식시키기 위해 '–줄' 을 사용하여 대답한 후 방법이나 과정을 설명할 수 있는지 확인해 본다.

1 단원 목표

'–수' 와 '–줄' 의 차이를 구별하여 의미와 상황에 맞게 적절히 사용할 수 있다.

2 치료 전후 수행수준 검사

문장을 듣고 빠진 말을 넣어 완전한 문장으로 말해 보세요.

보기

치료사가 직접 시범을 보여 주세요.

1. "형한테 배워서 이거 고칠 ?"
   ⇨ "형한테 배워서 이거 고칠 줄 알아요."
2. "키가 커서 버스 손잡이를 잡을 ?"
   ⇨ "키가 커서 버스 손잡이를 잡을 수 있어요"

수행수준 평가

보기 문항으로 이해를 도운 다음에 실시하기

문항	정답	치료 전 수행수준		치료 후 수행수준	
		T	F	T	F
1. 너무 놀라서 움직일 ?	수 없었어요				
2. 은행에 혼자 가서 저금할 ?	줄 알아요 혹은 수 있어요 (둘 다 가능)				
3. 영어로 인사할 ?	줄 알아요 혹은 수 있어요 (둘 다 가능)				
4. 지나간 일은 원래대로 되돌릴 ?	수 없어요				
5. 피아노를 칠 ?	줄 알아요 혹은 수 있어요 (둘 다 가능)				
6. 한글은 안 배워서 아직 쓸 ?	줄 몰라요				
7. 포장지를 뜯으면 바꿀 ?	수 없어요				
8. 종이접기를 할 ?	줄 알아요 혹은 수 있어요 (둘 다 가능)				
9. 아직 악보를 볼 ?	줄 몰라요				
10. 김치 담글 ?	줄 몰라요				
정확도		/10		/10	

* T – 정반응, F – 오반응

3 치료 적용의 예

1) 개념 적용

선생님의 질문에 답하세요.

❶ 사람 얼굴을 그릴 줄 아나요?
어떻게 그리는지 설명해 보세요.

❷ 자판기에서 주스를 뽑을 줄 아나요?
어떻게 뽑는지 설명해 보세요.

❸ 손톱 깎을 줄 알아요?
어떻게 깎는지 설명해 보세요.

2) 구문 적용

구문 연습

보기	바꾸기 연습
종이 접어요	종이 ___________ 줄 알아요.
노래 불러요	노래 ___________ 줄 알아요.
숫자 세요	숫자 ___________ 줄 알아요.
샌드위치 만들어요	샌드위치 ___________ 줄 알아요.
찻길 건너요	찻길 ___________ 줄 알아요.

유치원에 다녀온 동생이 형에게 자랑을 하고 있어요. 빈칸에 들어갈 말을 생각해 보세요.

❶ 동생: 오늘 유치원에서 종이접기 배웠다! 나 이제 개구리 ____________________

형: 나도 알아.

❷ 동생: 오늘 유치원에서 '산토끼' 노래 배웠다! 나 이제 '산토끼' 노래 ____________________

형: 나도 알아.

❸ 동생: 오늘 유치원에서 숫자 세는 거 배웠다! 나 이제 숫자 ____________________

형: 나도 알아.

❹ 동생: 오늘 유치원에서 샌드위치 만드는 거 배웠다! 나 이제 샌드위치 ____________________

형: 나도 알아.

❺ 동생: 오늘 유치원에서 찻길 건너는 거 배웠다! 나 이제 혼자서 찻길 ____________________

형: 나도 알아.

동생: 나 이제 형만큼 아니까 동생 안 하고 형 할래!

형: 뭐!!!

3) 상황 적용

동물들의 대화

동물들이 모여서 할 줄 아는 것들을 이야기하고 있어요. 그런데 어떤 동물들은 할 줄 모르면서 안다고 거짓말을 하는 동물이 있어요. 동물들의 이야기를 잘 읽어 보고 할 줄 아는지, 할 줄 모르는지 이야기해 보세요.

줄을 서요	요금을 내요	자리에 앉아요	⇨	토순이는 버스 탈 줄 알아요

슈퍼에 가요	우유를 골라요	돈 내고 거스름돈 받아요	⇨	소돌이는 ________ 줄 ________

수화기를 들어요	말을 해요	번호를 눌러요	⇨	찍찍이는 ________ 줄 ________

수세미에 세제를 묻혀요	수세미로 그릇을 닦아요	물로 헹궈요	⇨	멍돌이는 ________ 줄 ________

예쁜 포장지를 골라요	포장지를 선물 위에 올려요	친구한테 선물해요	⇨	호빵이는 ________ 줄 ________

[-줄(2)]

치료 전 알아두기

❶ 어떤 사실을 단순히 알거나 몰랐을 때 사용한다.

예 김치가 맛있는 줄 몰랐어요. (김치가 맛있다는 사실을 몰랐어요.)

❷ 화자의 기대와 다를 때 사용한다.

예 김치가 맛있을 줄 몰랐어요. (예전엔 김치가 맛있지 않다고 생각했었어요.)

'줄' + 알아요, 몰라요

참고 어미 '-ㄴ지' 는 단순한 사실 판단과 관련되지만 의존명사 '-줄' 은 화자의 예상이나 기대와 같은 심리 상태를 반영하며 보통 그 기대가 어긋났음을 전제로 한다.

1 단원 목표

예상과 결과의 차이에 대한 심리적 요인을 고려하여 '–줄' 을 상황에 맞게 적절히 사용할 수 있다.

2 치료 전후 수행수준 검사

문장을 듣고 빠진 말을 넣어 완전한 문장으로 말해 보세요.

보기

치료사가 직접 시범을 보여 주세요.

❶ "내일까지 방학인 ? 알았어요."

⇨ "내일까지 방학인 줄 알았어요."

❷ "일요일에도 문을 여는 ? 알았어요."

⇨ "일요일에도 문을 여는 줄 알았어요."

수행수준 평가

보기 문항으로 이해를 도운 다음에 실시하기

문항	정답	치료 전 수행수준		치료 후 수행수준	
		T	F	T	F
1. 얼굴을 찡그려서 화난 ?	줄 알았어요				
2. 움직이면 안 되는 ?	줄 알았어요.				
3. 비가 오는 ?	줄 알았어요.				
4. 지각하는 ?	줄 알았어요.				
5. 안 오시는 ?	줄 알았어요.				
정확도		/5		/5	

* T – 정반응, F – 오반응

3 치료 적용의 예

1) 개념 적용

다음 문제를 읽고 철이가 생각하는 것을 맞혀 보세요.

❶ 하늘에 먹구름이 잔뜩 끼었어요.
철이는 우산을 가져갔어요.
그런데 비가 안 왔어요.

⇨ 철이는 오늘 비가 올 ____________ 알았어요.

❷ 동생이 침대 위에 눈을 감고 누워 있어요.
철이는 불을 껐어요.
그런데 동생은 자고 있지 않았어요.

⇨ 철이는 동생이 자는 ____________ 알았어요.

❸ 철이는 오늘 마트에서 혼자서 울고 있는 아이를 보았어요.
철이는 그 아이에게 엄마 휴대폰 번호를 물었어요.
그런데 뒤를 보니 아이 엄마가 계셨어요.

⇨ 철이는 아이가 엄마를 잃어버린 ____________ 알았어요.

❹ 현관문을 여니 엄마 신발이 있었어요.
철이는 "엄마" 하고 불렀어요.
그런데 엄마가 없었어요.

⇨ 철이는 집에 엄마가 계신 ____________ 알았어요.

2) 구문 적용

구문 연습

보기	바꾸기 연습
민수예요	________ 줄 알았어요.
4학년이에요	________ 줄 알았어요.
고장났어요	________ 줄 알았어요.
다녀요	________ 줄 알았어요.
살아요	________ 줄 알았어요.

철이는 오늘 학교에서 집으로 돌아오는 길에 새로운 친구를 만났어요. 빈칸에 들어갈 말을 생각해 보세요.

❶ 철이: 민수야!

석이: 나 민수 아닌데!

철이: 어? 뒷모습이 똑같아서 ________________

❷ 철이: 너 4학년이야?

석이: 아니. 3학년이야.

철이: 어? 키가 커서 ________________

❸ 철이: 자전거 고장났니?

석이: 아니. 고장나지 않았어.

철이: 난 자전거를 그냥 끌고 가길래 ________________

❹ 철이: 너 뾰로롱 피아노 학원 다니니?

석이: 아니.

철이: 난 우리 피아노 학원 가방 가지고 있길래 ________________

❺ 철이: 이 아파트 사니?

석이: 아니. 친구 집에 가는 길이야.

철이: 그래? 난 네가 이 아파트에 ________________

3) 상황 적용

동생은 학교에 입학하기 전에 학교에 가지 않겠다고 떼를 썼어요. 하지만 학교에 다녀 본 후 생각이 바뀌었대요. 동생의 생각이 어떻게 바뀌었을까 맞혀 보세요.

학교에 다니기 전	학교에 다닌 후
⇨	선생님이 무섭지 않아요.
⇨	엄마가 보고 싶지 않아요.
⇨	숙제가 많지 않아요.
⇨	공부가 어렵지 않아요.
⇨	급식이 맛있어요.

3 동사 치료 프로그램

- 절대시제
- 상대시제
- 능동과 피동
- 주동과 사동
- 부정문

[절대시제]

치료 전 알아두기

시제의 기준시

- 발화시: 언어 내용이 전달되는 시점으로 항상 현재임
- 사건시: 일(동작이나 상태)이 일어나는 시점

시제의 종류

- 절대시제: 발화시를 기준시로 하여 용언의 종결형으로 나타내는 시제
- 상대시제: 전체 문장의 사건시에 기대어 상대적으로 결정되며 용언의 관형사형이나 연결형에 나타나는 시제

절대시제

❶ 현재시제: 사건시와 발화시가 일치하는 시제
선어말어미 '-는/-ㄴ' 으로 표현
예 나는 지금 과자를 먹는다. (사건시: 현재 = 발화시: 현재)

❷ 과거시제: 사건시가 발화시보다 선행하는 시제
선어말어미 '-었, 았' 으로 표현
예 나는 어제 과자를 먹었어. (사건시: 과거 > 발화시: 현재)

❸ 미래시제: 사건시가 발화시보다 후행하는 시제
선어말어미 '-겠' 이나 관형형 어미 + 의존명사 '-ㄹ 것이다' 로 표현
예 나는 내일 과자를 먹을 것이다. (사건시: 미래 < 발화시: 현재)

참고 부가적 의미

- 현재시제: 불변의 진리, 반복되는 습관이나 지속의 부가적 의미를 지닌다.
  예 난 매주 할머니 댁에 가.
- 과거시제: 선어말어미 '았었, 었었' 으로 과거의 사건이 현재와 단절되어 있는 강한 완료의 의미를 나타낸다.
  예 예전에는 키가 무척 작았었어. (지금은 작지 않다.)
- 미래시제: 시간상의 의미 외에 추측, 의지, 가능성 등 화자의 심리를 나타내기도 한다.
  예 과거 추측: 그때 무척 속상했겠다.
  현재 추측: 지금 가고 있을 거야.
  미래 추측: 다음번엔 다 할 수 있겠다.

시간부사어

과거	현재	미래
아까 어제 지난주(달) 작년	지금 오늘 이번 주(달) 올해	나중 내일 다음 주(달) 내년

1 단원 목표

시간부사어와 함께 정확한 시제를 구사할 수 있다.

2 치료 전후 수행수준 검사

문장을 듣고 빠진 말을 넣어 완전한 문장으로 말해 보세요.

보기

치료사가 직접 시범을 보여 주세요.

❶ "어제 밥을 먹[?]"

⇨ "어제 밥을 먹었다."

❷ "내일 학교에 가[?]"

⇨ "내일 학교에 가겠다."

수행수준 평가

보기 문항으로 이해를 도운 다음에 실시하기

문항	정답	치료 전 수행수준		치료 후 수행수준	
		T	F	T	F
1. 아까 숙제를 [?]	했다				
2. 이따가 학원에 [?]	갈 것이다				
3. 지금 피아노를 [?]	치고 있다				
4. 지난주에 영화를 [?]	봤다				
5. 내일 아침엔 일찍 일어[?]	날 것이다				
정확도		/5		/5	

* T – 정반응, F – 오반응

3 치료 적용의 예

1) 개념 적용

달력 꾸미기

❶ 올해는 몇 년도인가요?

밑줄 위에 써 보고 앞에 있는 빈칸과 뒤에 있는 빈칸을 채워 보세요.

____________년 ⇨ ____________년 ⇨ ____________년

(올해)

작년은 몇 년도인가요?

내년은 몇 년도인가요?

달력에 올해의 연도를 써 주세요.

❷ 이번 달은 몇 월인가요?

밑줄 위에 써 보고 앞에 있는 빈칸과 뒤에 있는 빈칸을 채워 보세요.

____________월 ⇨ ____________월 ⇨ ____________월

(이번 달)

지난달은 몇 월인가요?

다음 달은 몇 월인가요?

달력에 이번 달이 몇 월인지 써 주세요.

❸ 이번 주는 몇 번째 주인가요?

밑줄 위에 써 보고 앞에 있는 빈칸과 뒤에 있는 빈칸을 채워 보세요.

____________주 ⇨ ____________주 ⇨ ____________주

(이번 주)

지난주는 몇 번째 주인가요?

다음 주는 몇 번째 주인가요?

달력에 날짜를 적어요. 지난주의 날짜는 파란색으로 적어요. 다음 주의 날짜는 초록색으로 적으세요.

❹ 오늘은 며칠인가요?

밑줄 위에 써 보고 앞에 있는 빈칸과 뒤에 있는 빈칸을 채워 보세요.

____________일 ⇨ ____________일 ⇨ ____________일

(오늘)

어제는 며칠인가요?

내일은 며칠인가요?

달력에서 이번 주를 찾아 오늘 날짜를 적어 보세요. 어제 날짜는 파란색으로 적고 내일 날짜는 초록색으로 적으세요.

나머지 날짜는 검정색으로 적으세요. 일요일은 빨간색으로 적거나 칠해도 좋아요.

❺ 달력 그림 그리기

계절에 맞거나 자신이 그리고 싶은 그림으로 예쁘게 달력을 꾸며 보세요.

무엇을 그릴 건가요? ______________을 그릴 거예요.

지금 무엇을 그리고 있어요? ______________을 그리고 있어요.

다 그렸네요. 무엇을 그렸지요? ______________을 그렸어요.

색칠을 해 보세요.

무슨 색으로 색칠할 건가요? ______________으로 칠할 거예요.

지금 무엇을 하고 있어요? ______________을 색칠하고 있어요.

무엇을 했나요? ______________을 색칠했어요.

_______ 년 _____ 월

일	월	화	수	목	금	토

2) 구문 적용

[기본적 특성] 철이와 영희가 놀이터에 갔어요. 철이와 영희가 한 일을 선생님과 번갈아 이야기 해 보세요.

❶ 철이는 그네를 탈 거예요. 영희는? ______________________________

철이는 그네를 타고 있어요. 영희는? ______________________________

철이는 그네를 다 탔어요. 영희는? ______________________________

❷ 철이는 얼굴을 만들 거예요. 영희는? ______________________________

철이는 얼굴을 만들고 있어요. 영희는? ______________________________

철이는 얼굴을 다 만들었어요. 영희는? ______________________________

❸ 철이는 ______________________ 영희는 ______________________

철이는 ______________________ 영희는 ______________________

철이는 ______________________ 영희는 ______________________

❹ 철이는 ______________________ 영희는 ______________________

철이는 ______________________ 영희는 ______________________

철이는 ______________________ 영희는 ______________________

[부가적 의미] 다음 보기 중에서 골라 빈칸을 채워 보세요.

준비물	았었어요(었었어요), 아요(어요)

❶ 나는 보통 옷을 입을 때 윗도리를 나중에 ______________________

❷ 나는 어렸을 때 이불에 오줌을 ______________________ 하지만 지금은 이불에 오줌을 싸지 않아요.

❸ 나는 잘 때마다 코를 ______________________________

❹ 나는 예전에 피아노를 잘 ______________________________ 하지만 지금은 다 잊어버렸어요.

[부가적 의미] 다음 그림을 보고 친구가 무슨 생각을 했을지 말주머니 안에 적당한 말을 넣어 주세요.

❶ 할머니 너무 ____________

친구는 어떻게 할까요?

⇨ 할머니를 ________ 거예요.

❷ 저러다가 학교 ____________

친구는 어떻게 할까요?

⇨ 동생을 ________ 거예요

❸ 창문이 열려 있어서 아기가 너무

____

친구는 어떻게 할까요?

⇨ 창문을 ________________________

거예요.

❹ 축구 참 ________________________

친구는 어떻게 할까요?

⇨ ______________________ 거예요

치료 전 알아두기

상대시제

❶ 현재시제: 주문장의 사건시와 종속문장의 때가 일치하는 시제

관형사형 어미 '–는/–(으)ㄴ' 으로 표현된다.

예 조용히 공부하는 사람은 상을 주겠다. (미래에서의 현재형)
주사를 맞는 친구는 움직이지 않아요. (현재에서의 현재형)
물건을 사는 사람들이 줄을 섰다. (과거에서의 현재형)

❷ 과거시제: 종속문장의 때가 주문장의 사건시보다 앞서는 시제

관형사형 어미 '–은/ㄴ' 으로 표현된다.

예 공책에 낙서한 친구는 혼날 거예요. (미래에서의 과거형)
주사를 맞은 친구는 솜으로 문질러요. (현재에서의 과거형)
문제를 다 푼 사람은 밖으로 나갔다. (과거에서의 과거형)

❸ 미래시제: 종속문장의 때가 주문장의 사건시보다 뒤에 오는 시제

관형사형 어미 '–을/ㄹ' 로 표현된다.

예 산에 올라갈 친구는 운동화로 갈아 신을 거예요. (미래에서의 미래형)
그림을 그릴 친구는 미술도구를 준비해요. (현재에서의 미래형)
몸무게를 잴 친구는 옷을 벗었다. (과거에서의 미래형)

1 단원 목표

관형사형 어미를 이용하여 정확한 시제를 구사할 수 있다.

2 치료 전후 수행수준 검사

문장을 듣고 빠진 말을 넣어 완전한 문장으로 말해 보세요.

보기

치료사가 직접 시범을 보여 주세요.

❶ "피아노를 배운 ? 3년이 넘었어요."
⇨ "피아노를 배운 지 3년이 넘었어요."

❷ "방학이 시작된 ? 일주일이 지났어요."
⇨ "방학이 시작된 지 일주일이 지났어요."

수행수준 평가

보기 문항으로 이해를 도운 다음에 실시하기

문항	정답	치료 전 수행수준		치료 후 수행수준	
		T	F	T	F
1. 그림을 다 ? 사람은 손 들어 보세요.	그린				
2. 지금 수영을 ? 사람은 많지 않아요.	하는				
3. 주사를 ? 사람은 줄을 섰다.	맞을				
4. 공부를 ? 친구들은 교실로 들어갔다.	할				
5. 휴일이라 문을 ? 가게가 별로 없었다.	연				
정확도		/5		/5	

* T －정반응, F－오반응

3 치료 적용의 예

1) 개념 적용

다음은 놀이동산 그림이에요. 빈칸에 동물을 오려 붙여 그림을 완성해 주세요.

❶ 바이킹을 탈 동물은?

❷ 바이킹을 타는 동물은?

❸ 바이킹을 다 탄 동물은?

❹ 회전목마를 탈 동물은?

❺ 회전목마를 타는 동물은?

❻ 회전목마를 다 탄 동물은?

❼ 회전그네를 탈 동물은?

❽ 회전그네를 타는 동물은?

❾ 회전그네를 다 탄 동물은?

2) 구문 적용

다음 그림을 보고 물음에 답해 보세요.

❶ 어떤 친구가 줄을 서요? ⇨ ______________ 친구가 줄을 서요.

어떤 친구가 자리에 앉아 있어요? ⇨ ______________ 친구가 자리에 앉아 있어요.

어떤 친구가 밖에 나가요? ⇨ ______________ 친구가 밖에 나가요.

❷ 어떤 친구가 머리를 빗었어요? ⇨ ____________ 친구가 머리를 빗었어요.

어떤 친구가 '김치' 라고 했어요? ⇨ ____________ 친구가 '김치' 라고 했어요.

어떤 친구가 구경을 했어요? ⇨ ____________ 친구가 구경을 했어요.

❸ 어떤 친구가 무서울까요? ⇨ ____________ 친구가 무서울 거예요.

어떤 친구가 아플까요? ⇨ ____________ 친구가 아플 거예요.

어떤 친구가 기분이 좋을까요? ⇨ ____________ 친구가 칭찬을 받아서 기분이 좋을 거예요.

3) 상황 적용

기억력 게임

오늘은 동물학교에서 소풍을 갔어요. 동물들의 얼굴과 행동을 잘 기억하세요.

그림을 가리고 선생님이 질문하는 동물의 얼굴을 찾아보세요.

❶ 김밥을 먹을 동물은?

❷ 김밥을 먹는 동물은?

❸ 김밥을 먹은 동물은?

❹ 나무를 심을 동물은?

❺ 나무를 심는 동물은?

❻ 나무를 심은 동물은?

❼ 그림을 그릴 동물은?

❽ 그림을 그리는 동물은?

❾ 그림을 다 그린 동물은?

이번에는 ○○가 선생님께 문제를 내 보세요.

치료 전 알아두기

능동: 주어가 동작을 제힘으로 하는 것

피동: 주어가 다른 주체에 의해서 동작을 당하게 되는 것

•능동문 ⇨ 피동문 변형

고양이가(주어) 쥐를(목적어) 잡았다.(능동사)

↓

쥐가(주어) 고양이한테(부사어) 잡혔다.(피동사)

•피동의 종류

	단형피동(파생적 피동)	장형피동(통사적 피동)
형성	동사어근 +이, 히, 리, 기(접미사) 예 술래가 나를 잡았다 ⇨ 내가 술래한테 잡혔다.	어/아(보조적 연결어미)+지다(보조동사) 예 병뚜껑을 땄다. ⇨ 병뚜껑이 따졌다.

•피동사

피동사							
이	깎이다 섞이다 들볶이다 파이다 꺾이다 꼬이다	놓이다 쏘이다 보이다 모이다 덮이다 나뉘다	닦이다 쌓이다 쓰이다 바뀌다 뜨이다(띄다) 매이다	리	끌리다 풀리다 실리다 들리다 헐리다 갈리다 붙들리다	눌리다 흔들리다 매달리다 걸리다 달리다 말리다 찔리다	잘리다 팔리다 깔리다 밀리다 열리다 몰리다
히	긁히다 먹히다 밟히다 접히다 닫히다 얽히다 붙잡히다	뒤집히다 잡히다 뽑히다 찍히다 갇히다 적히다	꼬집히다 막히다 씹히다 박히다 묻히다 꽂히다	기	담기다 잠기다 믿기다	빼앗기다 끊기다	쫓기다 감기다

[-어지다]

떨어지다	넘어지다	빠지다	부러지다	깨지다	무너지다	망가지다
퍼지다	펴지다	가려지다	꺼지다	엎어지다	발라지다	부서지다
쏟아지다	이루어지다					

1 단원 목표

능동과 피동의 상대적 관계를 이해하고 적절한 피동사와 구문을 사용할 수 있다.

2 치료 전후 수행수준 검사

문장을 듣고 빠진 말을 넣어 완전한 문장으로 말해 보세요.

보기

치료사가 직접 시범을 보여 주세요.

❶ 사자가 생쥐를 잡았어.
"생쥐가 사자한테 잡?" ⇨ "생쥐가 사자한테 잡혔어요"

❷ 뱀이 나를 물었어.
나는 "뱀한테 물?" ⇨ 나는 "뱀한테 물렸어요"

수행수준 평가

보기 문항으로 이해를 도운 다음에 실시하기

문항	정답	치료 전 수행수준		치료 후 수행수준	
		T	F	T	F
1. 문이 저절로 열?	열렸어요				
2. 문이 바람에 닫?	닫혔어요				
3. 문이 안에서 잠?	잠겼어요				
4. 못에 긁?	긁혔어요				
5. 못이 박?	박혔어요				
정확도		/5		/5	

* T – 정반응, F – 오반응

3 치료 적용의 예

1) 개념 적용

술래잡기 놀이

준비물	작은 동물인형

동물들이 술래잡기를 했어요. 먼저 동물을 한 마리씩 정하고 가위바위보를 해요. 이긴 동물은 도망가고 진 동물은 술래가 되어 쫓아가요.

❶ 누가 누구를 잡았어요?
누가 누구한테 잡혔나요?
잡힌 동물은 술래가 돼요. 다른 동물 한 마리가 나와 도망가요.

❷ 누가 누구한테 잡혔나요?
또 잡힌 동물은 술래가 돼요. 다른 동물이 나와서 도망가요.

피동사 습득

제시하는 낱말을 다음 그림에서 찾아 돋보기를 그려 주세요. 그리고 각각 문장을 만들어 보세요.

❶ 제시낱말: **벌**

↳ 벌이 친구를 ________________

제시낱말: **친구**

↳ 친구가 벌한테 ______________

❷ 제시낱말: **친구**

↳ 친구가 못을 ________________

제시낱말: **못**

↳ 못이 ________________

❸ 제시낱말 : **친구**

↳ 친구가 내 발을 ______________

제시낱말 : **내 발**

↳ 내 발이 ______________

❹ 제시낱말 : **선생님**

↳ 선생님이 그림을 ______________

제시낱말 : **그림**

↳ 그림이 ______________

❺ 제시낱말 : **친구**

↳ 친구가 종이를 ______________

제시낱말 : **종이**

↳ 종이가 ______________

❻ 제시낱말 : **누나**

↳ 누나가 종을 ____________

제시낱말 : **종**

↳ 종이 ____________

❼ 제시낱말 : **아저씨**

↳ 아저씨가 짐을 ____________

제시낱말 : **짐**

↳ 짐이 ____________

❽ 제시낱말 : **엄마**

↳ 잼 뚜껑을 ____________

제시낱말 : **잼 뚜껑**

↳ 잼 뚜껑이 ____________

2) 구문 적용

구문 연습

보기	바꾸기 연습
보았어요	보였어요
담았어요	______________
들었어요	______________
놓았어요	______________
밟았어요	______________
뚫었어요	______________
구겼어요	______________
버렸어요	______________

그림을 보고 다음의 이야기를 완성해 보세요.

❶ 엄마가 운동화 가게에 갔어요.

철수가 사 달라고 졸랐던 파란색 운동화가 ____________________

❷ 아저씨가 파란색 운동화를 종이가방에 담았어요.

파란색 운동화가 종이가방에

____

❸ "야, 새 운동화다!"

철수의 목소리가

____

❹ 철수는 새 운동화를 만지작거리다가

신발장으로 가져갔어요.

운동화는 신발장 맨 위 칸에

____

❺ 철수가 매일 파란색 운동화만 신고

다녔어요.

어느 날 철수는 버스를 타고 가다가

다른 사람의 발에 ________________

❻ 어느 날은 축구공을 너무 세게

차서 운동화에 구멍이

____

❼ 철수는 매일 운동화를 구겨 신고 다녔어요. 그래서 운동화가 마구 ____________

❽ 철수는 낡은 운동화를 버리고 새 운동화를 샀어요. 철수의 운동화는 쓰레기통에 ____________

3) 상황 적용

어떻게 될까요?

다음의 이야기를 듣고 어떻게 될까 이야기해 보세요.

❶ 줄이 풀린 강아지가 배(갑판) 위에서 뛰어다니고 있어요. 강아지가 어떻게 될까요?

❷ 아기가 유리컵을 가지고 장난을 치고 있어요. 유리컵이 어떻게 될까요?

❸ 신발끈을 대충 묶고 뛰어다녔어요.

신발끈이 어떻게 될까요?

❹ 색종이를 장난감통 속에 넣었어요. 색종이가 어떻게 될까요?

❺ 캠프파이어를 하는데 나무가 다 탔어요.

불이 어떻게 될까요?

[주동과 사동]

치료 전 알아두기

주동: 동작이나 행위를 자신의 의지로 스스로 하는 것

사동: 남에게 어떤 동작을 하도록 시키는 것

•주동문 ⇨ 사동문 변형

철수가 앉았다.
주어 주동사

선생님이 철수를 앉혔다.
새 주어 목적어 사동사

•사동의 종류

	단형사동(파생적 사동)	장형사동(통사적 피동)
형성	동사어근 + 이, 히, 리, 기, 우, 추(접미사) 예 아기가 우유를 먹었다. ⇨ 엄마가 아기한테 우유를 먹이었다.	게(보조적 연결어미) + 하다(보조동사) 예 영희가 책을 읽었다. ⇨ 선생님이 영희한테 책을 읽게 했다.
의미	단형사동은 직접적인 의미와 간접적인 의미를 모두 내포한다. 예 어머니가 영희에게 옷을 입히셨다. ① 직접적 의미: 어머니가 직접 입히셨다. ② 간접적 의미: 영희가 입도록 시키셨다.	장형사동은 간접적인 의미만 지닌다. 예 어머니가 영희에게 옷을 입게 했다. ① 간접적 의미: 영희가 입도록 시키셨다.

•사동사와 피동사

	사동사	피동사
이	먹이다 보이다 누이다 녹이다 죽이다 속이다 끓이다 높이다 붙이다 드러내다 줄이다	깎이다 놓이다 닦이다 섞이다 쏘이다 쌓이다 들볶이다 보이다 쓰이다 파이다 모이다 바뀌다 꺾이다 덮이다 뜨이다(띄다) 꼬이다 나뉘다 매이다
히	읽히다 입히다 업히다 익히다 눕히다 식히다 앉히다 묻히다 더럽히다 밝히다 좁히다 넓히다 맞히다 묵히다 가라앉히다	긁히다 뒤집히다 꼬집히다 먹히다 잡히다 막히다 밟히다 뽑히다 씹히다 접히다 찍히다 박히다 닫히다 갇히다 묻히다 얽히다 적히다 꽂히다 붙잡히다
리	알리다 울리다 놀리다 얼리다 날리다 올리다 흘리다 굴리다 걸리다 늘리다 돌리다 말리다 부풀리다 살리다	끌리다 눌리다 잘리다 풀리다 흔들리다 팔리다 실리다 매달리다 깔리다 들리다 걸리다 밀리다 헐리다 달리다 열리다 갈리다 말리다 몰리다 붙들리다 찔리다
기	안기다 감기다 신기다 씻기다 웃기다 숨기디 옮기다 굶기다 넘기다 벗기다 빗기다 남기다 맡기다 튀기다	안기다 담기다 빼앗기다 쫓기다 잠기다 끊기다 감기다 믿기다
우	깨우다 재우다 비우다 세우다 태우다 끼우다 채우다 피우다 틔우다 피우다	[-어지다] 떨어지다 넘어지다 빠지다 부러지다 깨지다 무너지다 망가지다 퍼지다 펴지다 가려지다 꺼지다 엎어지다 발라지다 부서지다 쏟아지다 이루어지다
추	맞추다 늦추다 낮추다	

참고 '보다, 잡다, 업다, 안다, 읽다, 물다, 뜯다' 등은 피동사와 사동사의 형태가 똑같이 '보이다, 잡히다, 업히다, 안기다, 읽히다, 물리다, 뜯기다' 다.

이들이 피동사로 쓰였는지 사동사로 쓰였는지는 목적어를 취하느냐 취하지 않느냐를 기준으로 구별할 수 있다.

예 아기가 보인다. (피동)

엄마가 아기한테 책을 보인다. (사동)

1 단원 목표

동작의 주체에 대한 개념을 습득하고 적절한 사동사과 구문을 사용할 수 있다.

2 치료 전후 수행수준 검사

문장을 듣고 빠진 말을 넣어 완전한 문장으로 말해 보세요.

보기

치료사가 직접 시범을 보여 주세요.

1. "엄마가 아기한테 밥을 먹[?]"
   ⇨ "아기한테 밥을 먹였어요"
2. "엄마가 아기한테 신발을 신[?]"
   ⇨ "아기한테 신발을 신겼어요"

수행수준 평가

보기 문항으로 이해를 도운 다음에 실시하기

문항	정답	치료 전 수행수준		치료 후 수행수준	
		T	F	T	F
1. 나무꾼이 사슴을 숨[?]	숨겼어요				
2. 불을 피[?]	피웠어요				
3. 연을 날[?]	날렸어요				
4. 재미있는 말로 친구를 웃[?]	웃겼어요				
5. 선생님이 영희한테 책을 읽[?]	읽혔어요				
정확도		/5		/5	

* T – 정반응, F – 오반응

3 치료 적용의 예

1) 개념 적용

아기 목욕시키기

준비물	아기 인형, 목욕놀이 용품

지금부터 아기 목욕을 시킬 거예요. 목욕을 시키면서 순서대로 이야기해 보세요.

❶ 먼저 아기 옷을 벗?

❷ 머리를 씻? 팔다리를 씻? 몸을 씻?

❸ 다 닦았으면 수건으로 닦아 주세요. 머리를 말?

❹ 빗으로 빗?

❺ 옷을 입?

❻ 신발을 신?

사동사 습득

제시하는 낱말을 다음 그림에서 찾아 돋보기를 그려 주세요. 그리고 각각 문장을 만들어 보세요.

❶ 제시낱말 : **물**

↳ 물이 흘________________

제시낱말 : **친구**

↳ 친구가 물을 흘________________

❷ 제시낱말: **라면**

↳ 라면이 ______________________

제시낱말: **친구**

↳ 친구가 라면을

____

❸ 제시낱말: **아기**

↳ 아기가 밥을

____

제시낱말: **엄마**

↳ 엄마가 밥을

____

❹ 제시낱말: **아기**

↳ 아기가 ______________________

제시낱말: **엄마**

↳ 엄마가 아기를

____

❺ 제시낱말: **친구**

↳ 친구가 차를

____

제시낱말: **아빠**

↳ 아빠가 친구를 차에

____

❻ 제시낱말: **바람개비**

↳ 바람개비가

____

제시낱말: **친구**

↳ 친구가 바람개비를

____

❼ 제시낱말: **동생**

↳ 동생이 모자를

____

제시낱말: **누나**

↳ 누나가 모자를

____

2) 구문 적용

구문 연습

보기	바꾸기 연습
벗었어요	벗겼어요
씻었어요	______________
말랐어요	______________
빗었어요	______________
입었어요	______________
먹었어요	______________
잤어요	______________

그림을 보면서 다음의 이야기를 완성해 보세요.

❶ 눈이 왔어요. 철수는 눈을 뭉쳐서 아이들에게 던졌어요. 그러다가 동생을

맞__________

동생을 울__________

❷ 영희는 눈덩이를 굴__________

그리고 큰 눈덩이를 붙__________

❸ 눈사람 얼굴에는 눈, 코, 입을

붙__________

❹ 눈에는 안경을 씌__________

머리에는 모자도 씌__________

❺ 양손엔 장갑을 끼__________

❻ 발에는 신발도 신__________

❼ 영희가 아이들에게 눈사람을

보____________

❽ 밤이 되자 영희는 눈사람을

남____________두고 집으로

돌아왔어요.

3) 상황 적용

선생님이 안 계신 사이 교실이 엉망이 되었네요. 선생님이라면 어떻게 할지 하나하나 이야기해 보세요.

❶ 철수는 무엇이 문제인가요?

❷ 철수한테는 어떤 일을 시키면 좋을까요?

❸ 영희는 무엇이 문제인가요?

❹ 영희한테는 어떤 일을 시키면 좋을까요?

❺ 민수는 무엇이 문제인가요?

❻ 민수한테는 어떤 일을 시키면 좋을까요?

❼ 은주는 무엇이 문제인가요?

❽ 은주한테는 어떤 일을 시키면 좋을까요?

상황 적용 참고

- 철수는 바닥을 더럽혔어요. 철수한테 바닥을 닦게 해요.
- 영희는 얼굴에 물감을 묻혔어요. 영희한테 얼굴을 씻게 해요.
- 민수는 친구의 머리를 잡아당겼어요. 민수한테 사과하도록 해요.
- 은주는 책상에 과자를 흘렸어요. 은주한테 책상을 치우도록 해요.

[부정문]

치료 전 알아두기

❶ '안-, 아니하다' 의 의미

단순부정: 단순한 사실의 부정

예 오늘은 비가 안 와.

의지부정: 주체의 의도가 담긴 서술어의 부정

예 철수가 안 온대.

'안-, 아니하다' 의 형태

짧은 부정문	긴 부정문
안(부정부사)+용언 예 철수는 안 놀았다.	+아니다, -지 않다 예 철수는 놀지 않았다.

❷ '못-, 못하다' 의 의미

능력부정: 주체의 능력 부족이나 외부 원인으로 인해 불가능해진 경우

예 철수는 아파서 학교에 못 갔다.

'못-, 못하다' 의 형태

짧은 부정문	긴 부정문
못(부정부사)+용언 예 철수는 숙제를 못 했다.	+ -지 못하다 예 철수는 숙제를 하지 못했다.

참고 • 일부의 합성어나 파생어, 일부 형용사는 짧은 부정문을 허용하지 않는 경우가 있다.

예 안 공부했다 ⇨ 공부하지 않았다. 공부 안 했다.

안 높다랗다 ⇨ 높다랗지 않다.

• '안-, 아니하다' 와 '못-, 못하다' 는 평서문과 의문문에 쓰이며 명령문이나 청유문에서는 '말다' 를 써서 부정을 나타낸다.

예 밥을 남기지 마라.

밥을 남기지 말자.

*부정극어: 부정문하고만 호응하는 단어나 구를 뜻한다.

결코, 절대로, 별로, 전혀, 도저히

예 절대로 말해라(×) ⇨ 절대로 말하지 마라(○)

1 단원 목표

다양한 부정의 형태를 의미와 상황에 맞게 사용할 수 있다.

2 치료 전후 수행수준 검사

문장을 듣고 빠진 말을 넣어 완전한 문장으로 말해 보세요.

보기

치료사가 직접 시범을 보여 주세요.

❶ "뒤에 앉아서 칠판이 잘 ? 보여요."

⇨ "뒤에 앉아서 칠판이 잘 안 보여요."

❷ "문제가 어려워서 ? 풀었어요."

⇨ "문제가 어려워서 못 풀었어요."

수행수준 평가

보기 문항으로 이해를 도운 다음에 실시하기

문항	정답	치료 전 수행수준		치료 후 수행수준	
		T	F	T	F
1. 배가 불러서 밥을 ? 먹을래요	안				
2. 시간이 없어서 다 ? 했어요	못				
3. 공부시간에는 떠들지 ?	마라				
4. 색연필이 없어서 색칠을 하지 ?	못했어요				
5. 저는 장난감을 망가뜨리지 ?	않았어요				
정확도		/5		/5	

* T – 정반응, F – 오반응

3 치료 적용의 예

1) 개념 적용

누구일까요?

다음 철수와 영희의 그림을 보고 질문에 답해 보세요.

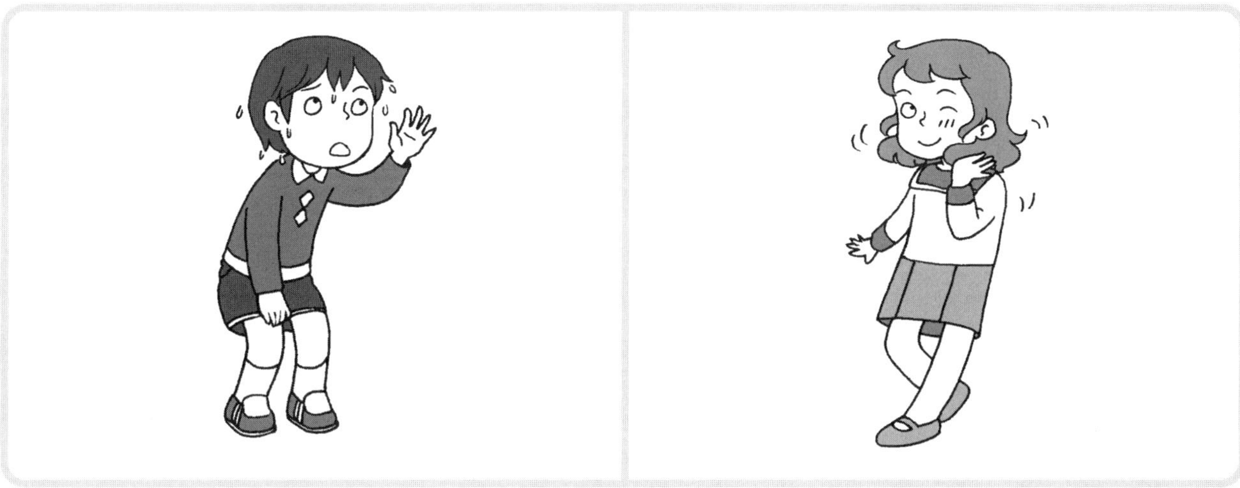

❶ 우산을 안 쓴 친구는?

철수는 우산을 ?

❷ 문제를 못 푼 친구는?

철수는 숙제를 ?

❸ 목욕을 안 한 친구는?

철수는 목욕을 [?]

❹ 공을 못 넣은 친구는?

영희는 공을 [?]

2) 구문 적용

그림을 보고 다음의 주어진 낱말을 넣어 이야기해 보세요.

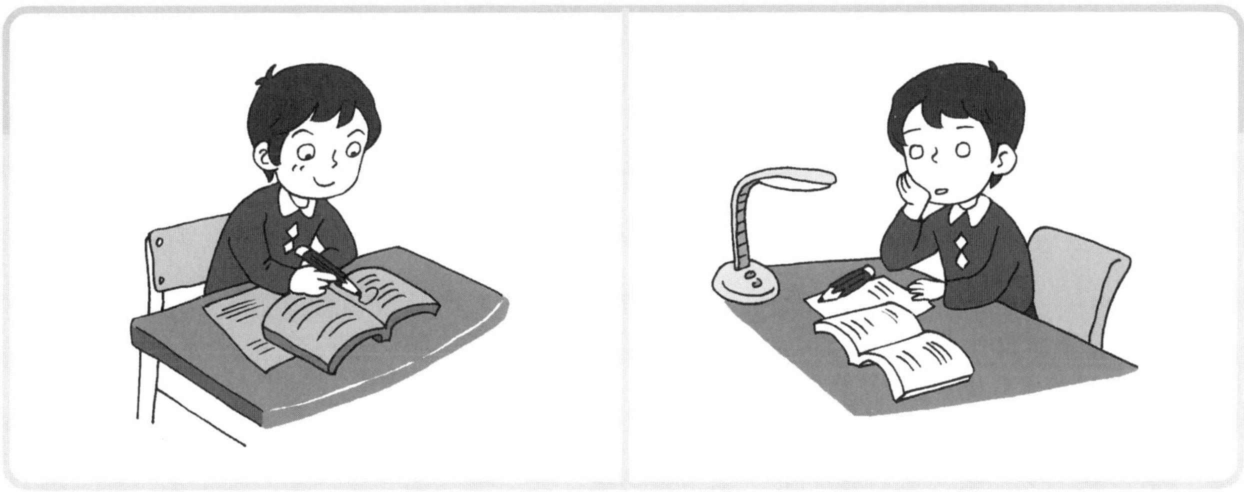

❶ 철수는 학교에서는 공부가 잘 돼요.

그런데 (집, 공부)

❷ 영희는 노래를 잘 불러요.

하지만 (그림)

❸ 동생이 컵을 깨뜨렸어요.

(나, 절대로, 컵)

❹ 철수는 국수를 좋아해요

(영희, 국수, 별로)

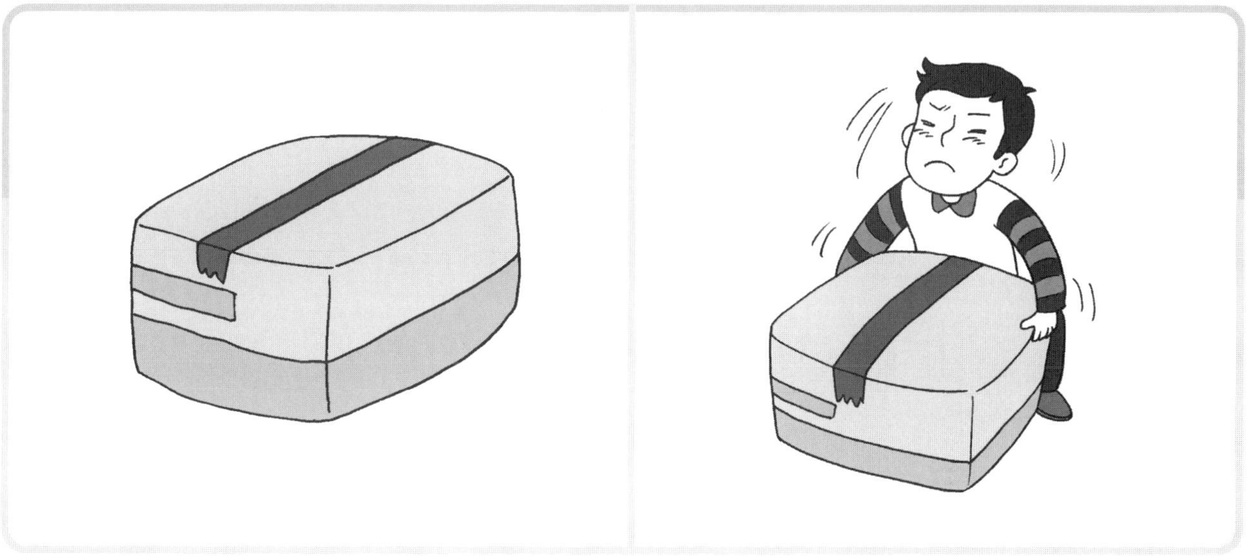

❺ 상자가 너무 무거워요

(도저히)

❻ 철수가 주사를 맞았어요.

그런데 (전혀)

3) 상황 적용

청개구리 이야기를 해 보고 연극으로 꾸며 보세요.

준비물	엄마개구리 모자, 청개구리 모자

엄마개구리: 얘야, 뱀이 사는 위험한 곳에는 가지 마라.

청개구리: 싫어, 난 갈 거야.

엄마개구리: 얘야, 이제 앉아서 공부 좀 하자.

청개구리: 싫어, 난 공부 안 할 거야.

엄마개구리: 반찬은 골고루 먹어야지.

청개구리: 싫어, 골고루 안 먹을 거야.

엄마개구리: 이제 옷은 혼자 입을 수 있지?

청개구리: 아니, 못 입어.

엄마개구리: 아휴, 말을 안 들으니 너무 힘들구나, 몸이 너무 아파.

청개구리: 엄마 왜 그래?

엄마개구리: 얘야, 내가 아무래도 오래 못 살 것 같구나. 내가 죽으면 산에 묻지 말고 냇가에 묻어라.

청개구리: 엄마! 이번만큼은 엄마 말씀을 들어야지. 어, 비가 오네? 엄마 무덤이 떠내려갈 것 같아. 으앙 개굴개굴.

4 연결문 치료 프로그램 1 (이어진문장)

시간관계 접속문

논리적 관계 접속문

독립적 관계 접속문

[시간관계 접속문]

치료 전 알아두기

선행절과 후행절이 시간적 관계로 연결되어 있는 경우다.

동시: –며, –면서, –고
순차: –고서, –고

• '–고' 의 쓰임
동시: 예 형은 앞에서 끌고 나는 뒤에서 밀었다.
순차: 예 봉투에 우표를 붙이고 우체통에 넣었다.

참고 •복문을 습득하는 중이거나 어감의 차이에 주의를 기울이기 힘든 아동의 경우, '–고' 의 과잉 사용으로 다음과 같은 오류를 범하기도 한다.

예 학교에 일찍 갔고 당번 활동을 했어요.
⇨ 학교에 일찍 가서 당번 활동을 했어요.

• '–고' 와 '–서' 의 차이점은 '–고' 는 선행절의 사건이 이루어진 후 후행절의 사건이 이루어지는 독립적인 관계지만, '–서' 는 선행절의 사건이 후행절의 배경이나 계기로 지속적인 영향을 미치는 것이다.

예 선물을 포장하고 가방에 넣었어요. (선행절과 후행절의 단순한 행동의 순서)
선물을 포장해서 가방에 넣었어요. (포장한 선물이 가방에 담겨졌다는 후행절의 배경 사건이 됨)

1 단원 목표

동시적 의미와 순차적인 차례의 접속문을 만들어 적절한 상황에서 사용할 수 있다.

2 치료 전후 수행수준 검사

문장을 듣고 빠진 말을 넣어 완전한 문장으로 말해 보세요.

보기

치료사가 직접 시범을 보여 주세요.

❶ "세수하[?] 밥 먹었다."

⇨ "세수하고 밥 먹었다."

❷ "과자 먹[?] 텔레비전 보았다."

⇨ "과자 먹으면서 텔레비전 보았다."

수행수준 평가

보기 문항으로 이해를 도운 다음에 실시하기

문항	정답	치료 전 수행수준		치료 후 수행수준	
		T	F	T	F
1. 그림 그리[?] 색칠했다.	－고				
2. 과일 먹[?] 이야기했다.	－으면서, 고				
3. 숙제하[?] 가방 쌌다.	－고				
4. 문 잠그[?] 밖에 나갔다.	－고				
5. 피아노 치[?] 노래 불렀다	－면서				
정확도		/5		/5	

* T－정반응, F－오반응

3 치료 적용의 예

1) 개념 적용

악기 연주하기

준비물	탬버린, 캐스터네츠 혹은 북(한 손으로 칠 수 있는 악기) 중 두 가지

악기를 연주해 보는 시간이에요.
먼저 선생님의 지시에 따라 악기 연습을 해 보세요.

❶ 먼저 탬버린을 두 번 치세요.
❷ 캐스터네츠를 두 번 치세요.
❸ 탬버린 한 번 치고 캐스터네츠 한 번 치세요.
❹ 캐스터네츠 두 번 치고 탬버린 두 번 치세요.
❺ 탬버린 치면서 캐스터네츠 쳐 보세요.

오늘 연주할 곡은 '작은 별' 이에요.

반짝반짝	작은 별	아름답게	비치네
○○□□	○○ □	○○□□	○○□
동쪽하늘에서도	서쪽하늘에서도		
◎◎◎◎◎◎◎	◎◎◎◎◎◎◎		
반짝반짝	작은 별	아름답게	비치네
○○□□	○○ □	○○□□	◎◎◎

○: 탬버린만 치세요.
□: 캐스터네츠 치세요.
◎: 탬버린 치면서 캐스터네츠 치세요.

❶ '반짝반짝' 은 어떻게 연주하나요? (예 탬버린 두 번 치고 캐스터테츠 두 번 쳐요.)
❷ '작은 별' 은 어떻게 연주하나요?
❸ '동쪽하늘에서도 서쪽하늘에서도' 는 어떻게 연주하나요?
❹ 세 번째 줄의 '아름답게' 는 어떻게 연주하나요?
❺ 마지막의 '비치네' 는 어떻게 연주하나요?

2) 구문 적용

–고

구문 연습

보기	바꾸기 연습
안경을 써요	안경을 ______ 고
세수를 해요	세수를 ______
옷을 입어요	옷을 ______
신발을 신어요	신발을 ______
장갑을 껴요	장갑을 ______

구문 적용

❶ 선생님이 설명하는 아이의 얼굴을 오려 순서대로 몸 위에 붙여 주세요.

① 머리가 길고 안경을 안 쓴 아이

② 머리가 길고 안경을 쓴 아이

③ 머리가 짧고 안경을 쓴 아이

④ 머리가 짧고 안경을 안 쓴 아이

❷ ① 머리가 길고 안경을 안 쓴 아이는 어떤 점이 이상한가요?
어떻게 해야 할까요?

② 머리가 길고 안경을 쓴 아이는 어떤 점이 이상한가요?
어떻게 해야 할까요?

③ 머리가 짧고 안경을 쓴 아이는 어떤 점이 이상한가요?
어떻게 해야 할까요?

④ 머리가 짧고 안경을 안 쓴 아이는 어떤 점이 이상한가요?
어떻게 해야 할까요?

그림자료

구문 적용 참고

❶ 바지를 입고 팬티를 입었어요.
팬티를 입고 바지를 입어야 돼요.

❷ 안경을 쓰고 세수를 해요.
안경을 벗고 세수를 해야 돼요.

❸ 신발을 신고 양말을 신었어요.
양말을 신고 신발을 신어야 해요.

❹ 장갑을 끼고 손을 씻었어요.
장갑을 벗고 손을 씻어야 돼요.

-면서

구문 연습

보기	바꾸기 연습
전화를 해요	전화를 ________서
졸아요	________
음악을 들어요	음악을 ________
아이스크림을 먹어요	아이스크림을 ________
책을 봐요	책을 ________

구문 적용

❶ 어떤 그림인지 이야기하며 [그림자료 1]을 오려 보세요.

① 전화를 하면서 다림질을 해요.

② 졸면서 뜨개질을 해요.

③ 음악을 들으면서 공부해요.

④ 아이스크림을 먹으면서 컴퓨터를 해요.

⑤ 책을 보면서 자전거를 타요.

❷ 다음 질문에 답하며 오린 그림을 [그림자료 2]에 붙여 보세요.

① 옷이 타 버렸어요. 왜 그럴까요?

② 왼팔과 오른팔의 길이가 달라요. 왜 그럴까요?

③ 엄마한테 혼나고 있어요. 왜 그럴까요?

④ 컴퓨터에 아이스크림이 묻었어요. 왜 그럴까요?

⑤ 사고가 날 뻔해서 아저씨가 화를 내고 있어요. 왜 그럴까요?

그림자료 1

그림자료 2

2) 상황 적용

나는야 사진사!

준비물	머리띠, 모자, 가방, 보자기, 수건, 사진을 찍을 수 있는 휴대폰이나 카메라, 카드

사진사 놀이를 해 봐요. 사진사를 맡은 사람이 카드를 골라 카드에 나와 있는 대로 설명하고 사진을 찍는 놀이예요.

❶ 가위바위보에서 이긴 사람이 사진사예요. 먼저 카드를 고르세요. 선생님이나 친구에게는 보여 주지 마세요.

❷ 카드의 모습대로 어떻게 분장할 것인지 지시하세요.

예 머리에 머리띠를 하고 보자기를 둘렀어요.

❸ 분장이 끝나면 어떤 포즈를 할지 지시하세요.

예 보자기를 펴면서 날아가요.

❹ 사진을 찍은 후 카드와 실제로 찍은 모습을 비교해 보세요.

상황 적용 참고

❷ • 머리에 머리띠를 하고 보자기를 둘렀어요.
  • 모자를 쓰고 가방을 멨어요.
  • 수건을 쓰고 그 위에 안경을 올렸어요.
  • 목에 턱받이처럼 수건을 둘렀어요.

❸ • 보자기를 펴면서 날아요.
  • 노래를 부르면서 걸어가요.
  • 책을 보면서 걸어가요.
  • 수건으로 땀을 닦으면서 걸어가요.

[논리적 관계 접속문]

치료 전 알아두기

선행절과 후행절이 원인, 조건과 결과 등 필연적으로 연결되는 관계다.

❶ 원인: [－서, －니까]

사실적 원인과 사실적 결과의 관계로 묶인다.

예 비가 와서 우리 가족은 소풍을 못 갔다.

(비가 와서: 사실적 원인 / 우리 가족은 소풍을 못 갔다: 사실적 결과)

❷ 조건: [－면]

비사실적 조건과 비사실적 결과의 관계로 묶인다.

예 비가 오면 우리 가족은 소풍을 못 갈 것이다.

(비가 오면: 비사실적 조건 / 우리 가족은 소풍을 못 갈 것이다: 비사실적 결과)

❸ 양보: [－도]

선행절의 사건으로 인해 논리적으로 예상되는 결과와 반대되는 결과가 후행절에 나타난다.

예 비가 와도 우리 가족은 소풍을 갈 것이다.

선행절의 사건으로 인한 논리적 예상 '비가 오니까 소풍을 못 가겠지' 와 반대됨

❹ 목적: [－려고]

후행절의 내용이 원인이 되고 선행절의 내용이 결과가 된다.

예 소풍을 가려고 김밥을 쌌다.

(소풍을 가려고: 결과 / 김밥을 쌌다: 원인)

참고
- '－서' 와 '－니까' 의 차이
  - '－서' : 주로 다른 사람들이 예상하거나 공유할 수 있는 원인에 사용
  - '－니까' : 주관적이고 개별적인 상황과 이유, 명령문과 이어질 때 사용

  예 아파서 주사를 맞았어요. (아프다 ⇨ 주사를 맞는다－예상 가능한 상황)
  전화를 하니까 받지 않았어요. (전화를 하다 ⇨ 받지 않다－예상 불가능한 상황)
  언어장애아동들은 '－서' 나 '－니까' 중 하나만 사용하는 단계보다 두 가지를 섞어 사용하는 단계에서 오류를 보이기 쉽다.

  예 추워서 창문 닫아라. • 어색한 문장
  ⇨ 추우니까 창문 닫아라.
  배가 아프니까 병원에 갔다. • 어색한 문장
  ⇨ 배가 아파서 병원에 갔다.
- '－서' 와 '－느라고' 의 차이
  - '－서' : 원인, 이유를 나타냄
  - '－느라고' : 그러한 이유로 인한 부정적인 결과를 나타낼 때 사용

  예 숙제하느라고 친구 집에 가지 못했어요.
  노느라고 엄마가 부르는 소리를 듣지 못했어요.
- '－러' 와 '－려고' 의 차이
  '－러' 와 '－려고' 는 목적과 의도를 나타내지만 '－러' 는 주로 '가다, 오다, 다니다' 류의 동사와 함께 제한된 쓰임을 보인다.

  예 자전거 사러 돈을 모았어요. • 어색한 문장
  ⇨ 자전거 사러 할인매장에 갔어요.

1 단원 목표

선행절과 후행절의 관계의 성격에 따라 적절한 연결어미를 넣어 사용할 수 있다.

2 치료 전후 수행수준 검사

문장을 듣고 빠진 말을 넣어 완전한 문장으로 말해 보세요.

보기

치료사가 직접 시범을 보여 주세요.

❶ "배가 아파? 병원 갔어요."

⇨ "배가 아파서 병원 갔어요."

❷ "과자 사? 슈퍼에 갔다."

⇨ "과자 사러 슈퍼에 갔다."

수행수준 평가

보기 문항으로 이해를 도운 다음에 실시하기

문항	정답	치료 전 수행수준		치료 후 수행수준	
		T	F	T	F
1. 비가 오? 소풍을 갈 수 없다.	-면				
2. 화가 나? 소리 질렀다	-서				
3. 숙제하? 공책을 펼쳤다.	-려고				
4. 눈이 나빠? 잘 보이지 않았다.	-서				
5. 추우? 옷을 입어라.	-면				
정확도		/5		/5	

* T -정반응, F-오반응

3 치료 적용의 예

1) 개념 적용

병원놀이

준비물	청진기, 반창고, 주사, 약

병원놀이를 할 거예요.

의사 선생님과 환자 역할을 맡아 역할놀이를 해 보고 역할을 바꾸어 해 보세요.

[-서] 의사선생님: 어디가 아파서 왔나요?

환자: (팔)이 아파서 왔어요

[-면] 의사선생님: (팔)이 아프면 (팔에 주사를 맞아야 돼요, 반창고를 붙여야 돼요 등)

짝 찾기 놀이

준비물	색종이

네 장의 색종이를 세모 모양, 네모 모양, 물결무늬 모양, 톱니 모양 등으로 이등분해서 잘라 두 조각 퍼즐로 만드세요.

❶ (한 조각에 선생님이 글씨 쓰며) 공부시간에 장난쳤어요. 장난치면? 혼나요. (남은 조각에 아동이 답하면서 쓰기)

❷ (한 조각에 선생님이 글씨 쓰며) 운동을 오래 했어요. 운동 많이 하면? 힘들어요. (남은 조각에 아동이 쓰기)

❸ (한 조각에 선생님이 글씨 쓰며) 선물을 받았어요. 선물 받으면? 기뻐요. (남은 조각에 아동이 쓰기)

❹ (한 조각에 선생님이 글씨 쓰며) 학교에 늦었어요. 늦으면? 뛰어가요. (남은 조각에 아동이 쓰기)

다 만든 여덟 조각의 퍼즐을 섞어 주세요.

선생님이 한 조각을 찾아 물으면 짝을 찾아서 답해 주세요.

❶ 왜 혼나요?

❷ 왜 힘들어요?

❸ 왜 기뻐요?

❹ 왜 뛰어가요?

2) 구문 적용

-서

철수의 심부름

준비물	칠판, 철수 종이인형(자석 붙인), 엄마 종이인형(자석 붙인)

칠판에 철수의 집과 돌멩이가 튀어나온 길, 슈퍼를 그려 주세요.
선생님이 이야기하는 대로 인형을 움직여 보세요.

엄마가 철수한테 우유를 사 오라고 했어요. 철수는 우유를 사러 집을 나섰어요.

그런데 철수가 돌멩이에 걸려서 넘어지고 말았어요. 철수는 넘어지는 바람에 돈을 잃어버리고 말았어요. 철수는 슈퍼에 갔지만 돈이 없어서 우유를 살 수 없었어요.

다음 질문에 답해 보세요.

❶ 철수는 왜 집을 나섰나요?
❷ 철수는 왜 넘어졌나요?
❸ 철수는 왜 돈을 잃어버렸나요?
❹ 철수는 왜 우유를 사지 못했나요?

이야기 퍼즐

보기	바꾸기 연습
어질러졌어요	________________ 서
싸웠어요	________________ 서
빼앗았어요	________________ 서
없어요	________________ 서

다음 [그림 자료]를 자른 후 퍼즐 조각을 붙이며 물음에 답해 주세요.

❶ (1, 2번 퍼즐 조각을 붙인 후) 엄마는 왜 화가 났나요?

❷ (3번 퍼즐 조각을 붙인 후) 집이 왜 어질러졌나요?

❸ (4번 퍼즐 조각을 붙인 후) 동생과 누나는 왜 싸웠나요?

❹ 동생은 왜 누나의 모자를 빼앗았을까요?

❺ 동생은 곧 새 모자를 쓰게 될 거예요. 그것을 어떻게 알았나요?

그림자료

—면

구문 연습

보기	바꾸기 연습
줘요	________면
써요	________면
엎드려요	________면
없어요	________면

구문 적용

다음 [그림자료]의 인형을 오려 뒤에 나무젓가락을 붙여 인형을 만들어 주세요. 그림의 상황을 이야기해 본 후 역할극을 해 보세요.

그림자료

❶ 간식시간이었어요. 석이는 빵만 가지고 왔어요. 빵만 먹으면 목이 마를 것 같아요.

철이는 우유만 가지고 왔어요. 우유만 마시면 배가 고플 것 같아요.

석이는 철이에게, 철이는 석이에게 뭐라고 말하면 좋을까요?

[역할극의 예]
석이: 어, 우유를 안 가지고 왔네.
철이: 어, 빵을 안 가지고 왔네.
석이: 어, 좋은 생각이 났다. 철이야, 내가 빵을 주면 네가 우유를 줄래?
철이: 좋아. 네가 빵을 주면 내가 우유를 줄게.
철이, 석이: 냠냠냠, 나눠 먹으니까 맛있다!

❷ 미술시간이었어요. 철이는 스케치북만 가져오고 크레파스는 가져오지 않았어요. 석이는 크레파스만 가져오고 스케치북은 가져오지 않았어요.

석이는 철이에게, 철이는 석이에게 뭐라고 말하면 좋을까요?

❸ 놀이시간이 되었어요. 석이와 철이는 신나게 연을 날렸어요. 그런데 연이 나뭇가지에 걸리고 말았어요.

석이와 철이는 연을 꺼내려고 했지만 손이 닿지 않아요. 어떻게 하면 좋을까요?

-려고, -러

'-려고' 구문 적용

친구들이 왜 저금을 했을까요? 다음을 줄로 연결하고 질문에 답해 보세요.

은주

민수

영희

철이

❶ 은주는 왜 저금을 했나요?

❷ 민수는 왜 저금을 했나요?

❸ 영희는 왜 저금을 했나요?

❹ 철이는 왜 저금을 했나요?

'–러' 구문 적용

저금통이 꽉 찼어요. 다음 빈칸에 알맞은 말을 넣어 보세요.

❶ 철이는 떡볶이를 ____________ 분식집에 갔어요

❷ 영희는 원피스를 ____________ 옷가게에 갔어요

❸ 민수는 자전거를 ____________ 자전거가게에 갔어요.

❹ 석이는 강아지를 ____________ 애완동물가게에 갔어요.

참고 이 문제는 목적이나 의도의 의미로 '–러' 와 '–려고' 모두 가능하나, '–가다, 오다, 다니다' 등의 제한된 동사와 쓰이는 '–러' 를 연습해 볼 수 있다.

3) 상황 적용

뿅망치 게임

준비물	뿅망치, 신문지

먼저 신문지로 모자를 만들어 뿅망치와 함께 준비하세요.

❶ 가위바위보 게임을 '-면' 을 넣어 설명해 보세요

예 손을 쫙 펴면 보자기고요, 손가락을 두 개만 펴면 가위고요, 손가락을 모두 접으면 주먹이에요

❷ 가위바위보 게임을 할 거예요. 그런데 뿅망치와 신문 모자를 보고 생각해 보세요.

뿅망치는 왜 준비했을까요? (때리려고) 모자는 왜 준비했을까요? (막으려고)

❸ 가위바위보를 해서 이기면 뿅망치를 얼른 들고 상대편 머리를 때려요.

가위바위보에서 지면 모자를 써서 막아요.

게임 방법을 이해했다면 다시 설명해 보세요.

❹ 첫 번째 게임은 누가 이겼나요? 어떻게 해서 이겼는지 설명해 보세요.

예 내가 가위를 내서 졌어요. 그래서 막으려고 모자를 썼어요. 그런데 선생님이 더 빨라서 뿅망치로 내 머리를 때렸어요.

[독립적 관계 접속문]

치료 전 알아두기

선행절과 후행절이 대등한 관계로 선행절과 후행절의 위치를 바꾸어도 의미상 영향을 주지 않는다.

나열: 선행절과 후행절이 시간이나 논리적 관계없이 단순히 연결되어 있는 관계다. [−고, −며]

대조: 선행절과 후행절의 사건이나 화자의 인식이 대조적인 관계를 보이는 경우다. [−지만, −으나]

구어에서는 '−는데'가 대조관계의 연결어미로 자주 쓰인다.

예 연필은 필통에 있고 색연필은 서랍에 있어요.
영희는 노래는 잘 부르지만 그림은 못 그려요.

참고 • '−고'의 다양한 의미

예 동시: 엄마는 안방에서 텔레비전을 보고 우리는 거실에서 텔레비전을 보았어요.
순차: 차비를 내고 빈 자리에 앉았어요.
나열: 철이는 키가 크고 운동도 잘해요.

•대조의 '−지만'과 양보의 '−도'의 차이

양보 구문을 습득한 아동의 경우 대조와 양보 구문의 혼란을 보이는 경우가 종종 있다.

예 철이는 미술 숙제는 다 했어도 수학 숙제는 하지 않았다. (→ 철이는 미술 숙제를 다 했지만 수학 숙제는 하지 않았다.)
내일 비가 오지만 운동회는 한대요. (→ 내일 비가 와도 운동회는 한대요.)

⇨ 엄밀한 의미로 양보는 선행절에 대한 예상과 대립하는 의미의 후행절의 관계이므로 큰 범위의 대조에 속한다고 볼 수 있다. 하지만 대조 구문은 선행절과 후행절의 의미 대조이고 양보 구문은 선행절에 함축되어 있는 예상과 후행절의 의미 대조라는 차이점을 지닌다.

예 철이는 미술 숙제를 다 했지만 수학 숙제는 하지 않았다.
미술 숙제를 했다. ↔ 수학 숙제를 안 했다.
내일 비가 와도 운동회는 한대요.
비가 온다. → 비가 오면 운동회를 하지 않는다. ↔ 운동회를 한다.
(비가 오면 운동회를 하지 않는다: 함축되어 있는 예상)

1 단원 목표

선행절과 후행절이 대조적인 연결관계로 이어질 때 적절한 어미를 넣어 사용할 수 있다.

2 치료 전후 수행수준 검사

문장을 듣고 빠진 말을 넣어 완전한 문장으로 말해 보세요.

보기

치료사가 직접 시범을 보여 주세요.

❶ "하나만 먹어[?] 배가 불러요."

⇨ "하나만 먹어도 배가 불러요."

❷ "화가 났[?] 꾹 참았어요."

⇨ "화가 났지만 꾹 참았어요."

수행수준 평가

보기 문항으로 이해를 도운 다음에 실시하기

문항	정답	치료 전 수행수준		치료 후 수행수준	
		T	F	T	F
1. 힘들었[?] 재미있었어요.	-지만				
2. 하기 싫어[?] 해야 돼요.	-도, 지만				
3. 내일은 늦게 일어나[?] 괜찮아요.	-도				
4. 공부는 못 하[?] 운동은 잘 해요.	-지만, 도				
5. 가깝[?] 걸어갈 수는 없어요.	-지만, 도				
정확도		/5		/5	

* T-정반응, F-오반응

3 치료 적용의 예

1) 개념 적용

다음은 개미와 베짱이 이야기예요. 선생님의 이야기에 따라 빠진 그림을 완성해 보세요.

❶ 봄이 되었어요.

부지런한 개미들은 열심히 딸기를 땄어요.

하지만 게으름뱅이 베짱이는 기타만 쳤어요.

❷ 여름이 되었어요.

개미들은 포도를 땄어요.

하지만 베짱이는 기타만 쳤어요.

❸ 가을이 되었어요.

개미들은 도토리를 땄어요.

하지만 베짱이는 기타만 쳤어요.

❹ 겨울이 되었어요.

개미네 집에는 딸기와 포도와 도토리가 있었어요.

하지만 베짱이네 집에는 아무것도 없었어요.

❺ 개미가 베짱이한테 먹을 것을 주었어요.

베짱이는 너무 고마웠어요.

개미는 일을 많이 했지만 베짱이는 일을 하지 않았네요. 개미와 베짱이의 이야기를 (—지만)으로 붙여서 다시 이야기해 보세요.

2) 구문 적용

-지만

구문 연습

보기	바꾸기 연습
보았어요	________지만
다물었어요	________지만
들고 있었어요	________지만
안 했어요	________지만
가만히 있었어요	________지만

구문 적용

동물들이 모여 '무궁화꽃이 피었습니다' 놀이를 했어요. 움직인 동물이 술래가 되었어요. 어떤 동물이 술래가 되었을까요? 그것을 어떻게 알았나요?

그림자료

-도

구문 연습

보기	바꾸기 연습
뽑아요	______________도
있어요	______________도
만져요	______________도
많아요	______________도
들어요	______________도

구문 적용

다음 동시를 읽고 빈칸에 알맞은 말을 채워 보세요. 다 집어 넣은 후 내용에 알맞은 손동작을 만들어 낭송해 보세요.

나는 형아예요

나는 형아예요.

이를 뽑______________ 울지 않아요.

나는 형아예요.

집에 혼자 있______________ 무섭지 않아요.

나는 형아예요

동생이 내 장난감을 만______________ 화내지 않아요.

나는 형아예요.

밥이 많______________ 다 먹을 수 있어요.

나는 형아예요.

무거운 걸 들______________ 힘들지 않아요.

구문 구별

다음 문장을 읽고 보기 중에서 적절한 말을 골라 빈칸을 채우세요.

보기	–지만, –도

❶ 걸어가__________ 늦지 않아요.

걸어갔__________ 늦지 않았어요.

❷ 비가 와__________ 운동회를 한대요.

비가 왔__________ 운동회를 했어요.

❸ 밤늦게까지 해__________ 다 끝내지 못할 거예요.

밤늦게까지 했__________ 다 끝내지 못했어요.

❹ 열심히 공부해__________ 성적이 안 올라요

열심히 공부했__________ 성적이 안 올랐어요.

3) 상황 적용

왜 틀렸을까

❶ 같은 종류끼리 네 개씩 네모 안에 그리려고 해요. 두 개의 그림이 부족하네요.
아래의 그림 상자에서 골라 ○○가 하나, 선생님 하나씩 오려 붙여 주세요.

❷ (일부러 다른 종류로 붙이고)선생님이 틀렸네요. 왜 틀렸는지 '-지만(-는데)'을 넣어 설명해 보세요.
예 사과랑 바나나는 과일이지만 신발은 과일이 아니잖아요.

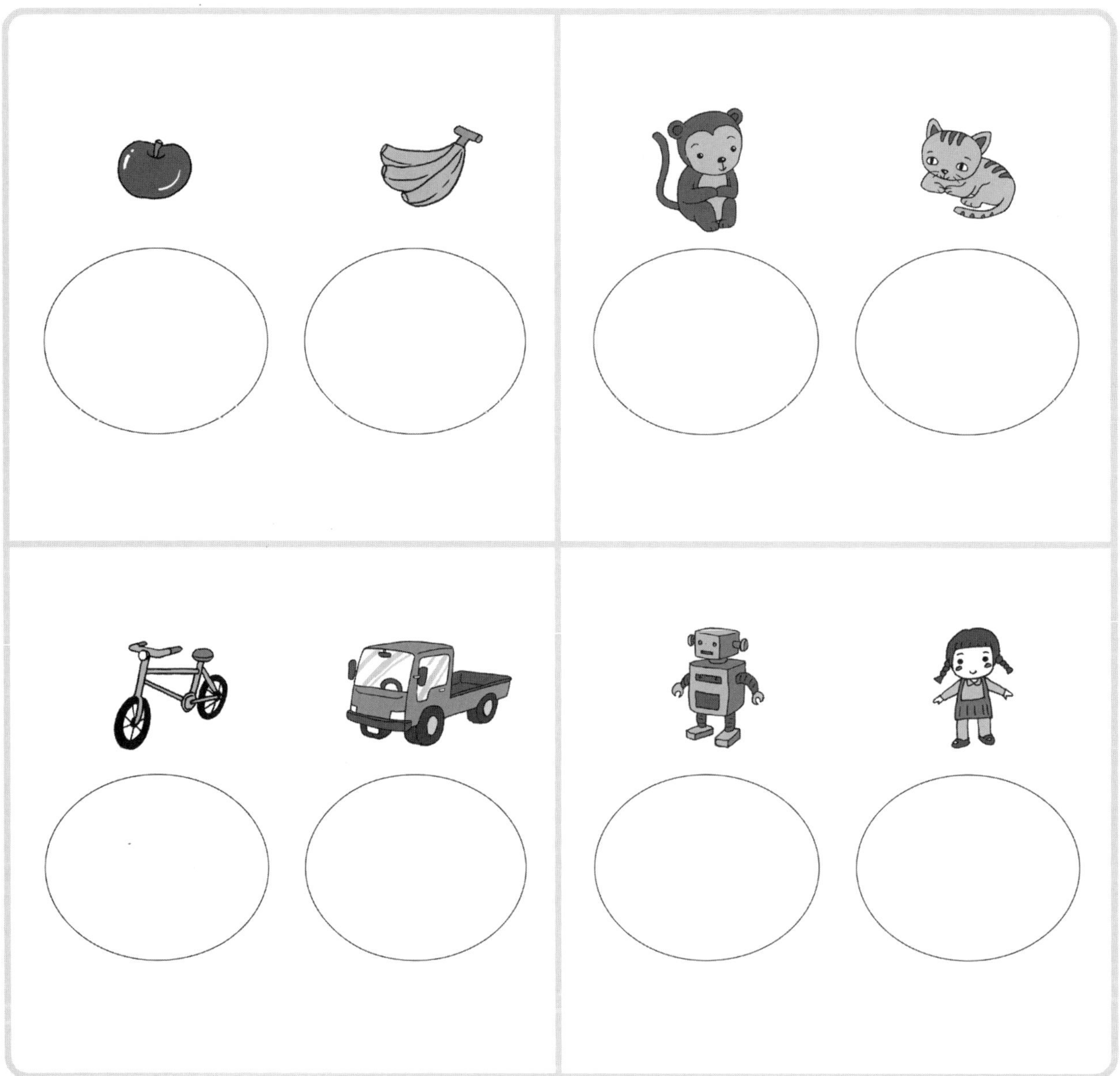

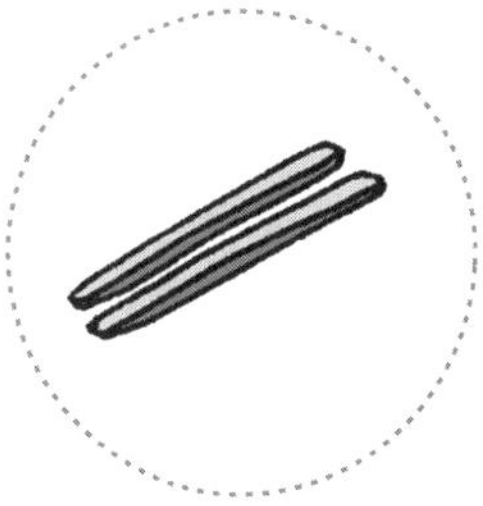

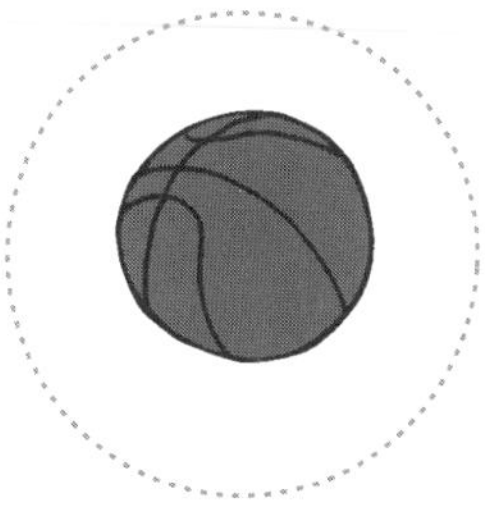
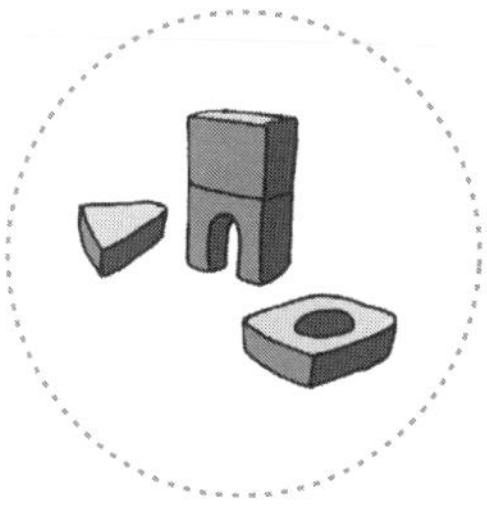
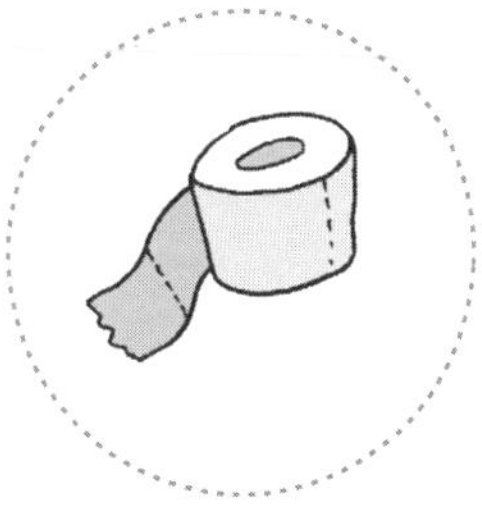

5 연결문 치료 프로그램 2 (안은문장)

[명사절을 안은문장]

치료 전 알아두기

❶ 기능: 명사절이 덩어리가 되어 하나의 명사처럼 사용되기 때문에 일반명사와 같이 주어, 목적어, 부사어의 기능을 한다.

❷ 형태

- 명사형 어미: '–(으)ㅁ' '–기'
- 관형사형 어미 + 의존명사: '–는/은 + 것'

나는 <u>동생이 잠들기</u>를 기다렸다.

명사절
↓
주어 + 목적어 + 서술어

❸ 특징

- 명사절은 조사와 결합하여 문장 안에서 다양한 성분으로 사용된다.

  예 철수가 큰 대회에서 상을 탔음이 학교에 알려졌다. (주어)
  나는 영희가 우리 집에 오기를 바랐다. (목적어)
  이 일은 엄마가 시킨 것이 아니다. (보어)
  우리는 날씨가 맑기에 산책을 했다. (부사어)

- '–(으)ㅁ' 에 의한 명사절은 관형절과 의존명사로 된 '–는/은 것' 으로 바꿀 수 있다. 구어에서는 '–(으)ㅁ' 보다 '–는/은 것' 이 더 활발하게 사용된다.

  예 나는 이미 철수가 대표 선수로 뽑혔음을 모르고 있었다.
  ⇨ 나는 <u>이미 철수가 대표 선수로 뽑혔다는 것</u>을 모르고 있었다.

- '–느냐, –는가, –는지' 등의 종결어미로 끝난 홑문장이 그대로 명사절이 되어 안기기도 한다.

  예 <u>그들이 정말 그 일을 해내느냐가</u> 문제였다. (주어)

참고 명사형 어미 '–(으)ㅁ', '–기' 는 다음과 같은 쓰임의 차이를 지닌다.

- –(으)ㅁ: 주로 완료의 의미를 나타내므로 '알다, 모르다, 깨닫다' 등의 동사와 함께 쓰인다.
- –기: 주로 미완료의 의미를 나타내므로 '기다리다, 기대하다, 바라다' 등의 동사와 함께 쓰인다.

1 단원 목표

어미활용으로 명사절을 만들고 다양한 문장 기능으로 사용할 수 있다.

2 치료 전후 수행수준 검사

문장을 듣고 빠진 말을 넣어 완전한 문장으로 말해 보세요.

보기

치료사가 직접 시범을 보여 주세요.

❶ "글씨가 잘 안 보이는 ? 불편하다."

⇨ "글씨가 잘 안 보이는 것이 불편하다."

❷ "나는 네가 시험을 잘 ? 바랐다."

⇨ "나는 네가 시험을 잘 보기를 바랐다."

수행수준 평가

보기 문항으로 이해를 도운 다음에 실시하기

문항	정답	치료 전 수행수준		치료 후 수행수준	
		T	F	T	F
1. 동생이 우산을 가져온 ? 정말 다행이다.	것은				
2. 나는 숙제가 많다는 ? 몰랐다	것을				
3. 엄마가 칭찬해 ? 바랐다	주기를				
4. 버스가 ? 기다렸다.	오기를				
5. 나의 소망은 상을 타는 ?이다	것				
정확도		/5		/5	

* T – 정반응, F – 오반응

3 치료 적용의 예

1) 개념 적용

우리는 아침에 일어나면서 잠잘 때까지 여러 가지 일들을 해요.

다음의 그림을 보고 어떤 일들이 있는지 이야기해 보세요. 또 다른 일들을 한다면 빈칸에 그리거나 써 보세요.

어떤 일이 가장 쉽고 어떤 일이 가장 어려울까요? 그림을 오린 후 쉬운 일부터 순서대로 공책에 붙이며 이야기해 보세요.

예 급식 먹기가 가장 쉬워요. 왜냐하면 그냥 씹기만 하면 되니까요. 그다음은 발표하기예요. 저는 발표를 잘해서 발표하기가 달리기보다 더 쉬워요. (생략) 동생 봐 주기가 가장 어려워요. 동생은 자기 맘대로 안 되면 시끄럽게 울거든요.

2) 구문 적용

구문 연습

보기	바꾸기 연습
목을 돌려요	____________기
팔을 흔들어요	____________기
고함을 질러요	____________기
손뼉을 쳐요	____________기
어깨를 돌려요	____________기
숨을 쉬어요	____________기

선생님과 함께 '올림픽 게임'이라는 말판놀이를 해요.

❶ 먼저 그림에서 선생님이 말하는 운동을 골라 오려 주세요.

–복 돌리기, 팔 흔들기, 고함 지르기, 손뼉 치기, 어깨 돌리기, 크게 숨쉬기

❷ 오린 그림들을 운동 칸에 붙여 말판을 꾸며 주세요. 어떤 순서로 붙였나요?

예 고함 지르기 다음에 손뼉 치기, 어깨 돌리기 다음에 크게 숨쉬기 등을 붙였어요.

❸ 가위바위보를 해서 이긴 사람이 한 칸씩 움직이는 거예요. 운동칸에 도착하면 그 운동을 동작으로 해야 해요. 어떤 운동이 나왔는지 이야기하며 게임을 해 보세요.

❹ 놀이가 끝났어요. 어떤 운동들을 해 보았나요?

예 –기랑 –기랑 –기랑 했어요.

❺ 어떤 운동이 제일 재미있었어요?

예 팔 흔들기가 재미있었어요.

❻ 어떤 운동이 제일 어려웠어요?

예 어깨 돌리기가 어려웠어요.

그림자료

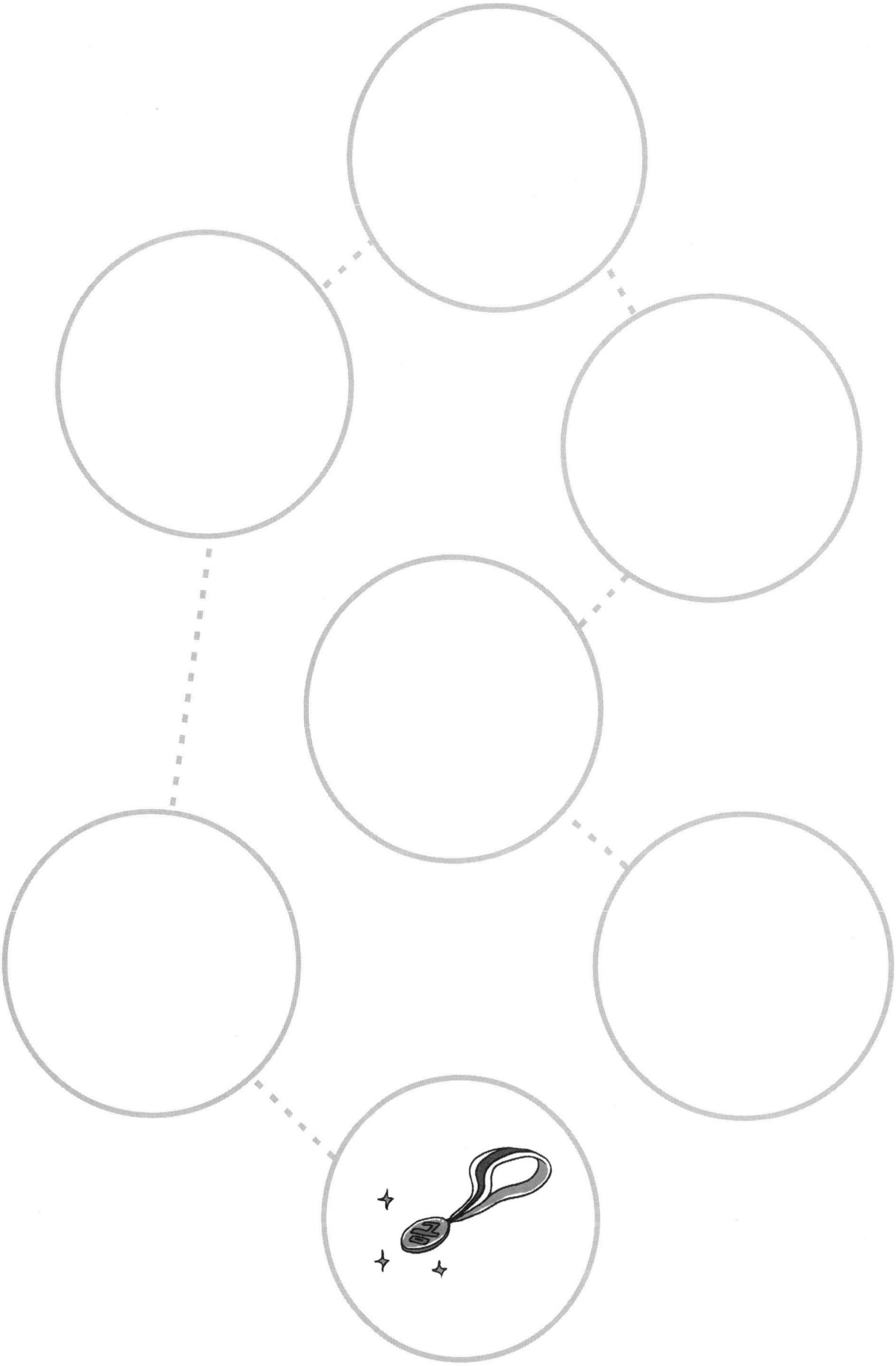

읽 기

올림픽 게임

나는 오늘 선생님과 올림픽 게임을 했다.
가위바위보를 하는데 무엇을 낼까 망설이다가 보를 냈다.
그런데 선생님이 자꾸만 이겨서 선생님의 말이 앞서고 있었다.
겨우 내가 이겼는데 (어깨 돌리기 그림)이 나왔다.
나는 어깨를 돌리다가 잘못해서 책상에 손이 부딪혔다.
그런데 선생님은 내가 아픈 것도 모르고 질문만 해서 짜증이 났다.
나는 (팔 흔들기)와 (어깨 돌리기), (숨쉬기)를 했다.
그때 선생님은 (목 돌리기)를 해서 선생님이 이겼다.
한 칸만 더 가면 되는데 정말 아까웠다.
나는 다시 하자고 고집을 피우고 싶었지만 꾹 참았다.

❶ 무슨 이야기인가요?

❷ 누가 앞서고 있었나요?

❸ 나는 게임을 하다가 왜 짜증이 났나요?

❹ 선생님은 마지막으로 무슨 운동을 했나요?

3) 상황 적용

다음 이야기를 읽고 이상한 부분을 찾아보세요.

철이는 주스를 사러 옷가게에 갔습니다.

옷가게에 주스가 없어서 철이는 주스를 살 수 없었습니다.

철이는 주스를 파는 다른 가게에 가려고 비행기를 타기로 했습니다.

그래서 버스 정류장에서 비행기를 기다렸습니다.

그런데 아무리 기다려도 비행기는 오지 않았습니다.

철이는 그냥 집에 돌아갈 수밖에 없었습니다.

그때 먹구름이 끼더니 하늘에서 무언가 후두둑 쏟아지기 시작했습니다.

철이는 크게 입을 벌리고 하늘에서 떨어지는 주스를 마셨습니다.

[관형절을 안은문장]

치료 전 알아두기

❶ 기능: 체언(명사, 대명사, 수사)을 수식하는 관형어의 역할

❷ 형태: 'ㄹ, ㄴ, 은/는/을/던' 등의 관형사형 어미와 결합됨

이 책은 내가 읽던 책이다.
(내가 읽던: 관형절 → 책: 체언)

❸ 종류

•종결어미 사용 여부

–짧은 관형절: 어간 + 관형사형 어미(–ㄹ, –ㄴ, –은/는/을/던)

예 나는 강아지가 우유를 마시는 사진을 보았다.
(마시는: 마시+는)

–긴 관형절: 어간 + 종결어미+ 관형사형 어미

예 나는 강아지가 우유를 다 마셨다는 사실을 알았다.
(마셨다는: 마시+었+다+는)

•수식언 탈락 여부

–관계 관형절: 관형절 안의 성분과 이 관형절의 수식을 받는 체언이 일치해서, 관형절 안의 성분이 탈락한 형태로 나타난 관형절

예 내가 받고 싶은 선물은 장난감이다. (나는 선물을 받고 싶다.)

–동격 관형절: 관형절의 내용과 이 관형절의 수식을 받는 체언이 동일한 의미를 가졌기 때문에 성분의 생략이 없는 관형절

예 나는 시간이 많이 흘렀다는 사실을 깨달았다. (시간이 많이 흘렀다 = 사실)

1 단원 목표

어미활용으로 관형절을 만들고 수식 기능으로 사용할 수 있다.

2 치료 전후 수행수준 검사

문장을 듣고 빠진 말을 넣어 완전한 문장으로 말해 보세요.

보기

치료사가 직접 시범을 보여 주세요.

❶ "나는 아기가 ? 소리를 들었다."
⇨ "나는 아기가 우는 소리를 들었다."

❷ "내가 갖고 ? 장난감은 블록이다."
⇨ "내가 갖고 싶은 장난감은 블록이다."

수행수준 평가

보기 문항으로 이해를 도운 다음에 실시하기

문항	정답	치료 전 수행수준		치료 후 수행수준	
		T	F	T	F
1. 차가 많이 ? 길은 위험하다.	다니는				
2. 나는 영희가 ? 책을 읽었다.	사 온				
3. 아빠는 동생이 수영? 사진을 찍으셨다.	하는				
4. 바람이 많이 ? 날에는 배가 뜨지 않는다.	부는				
5. 나는 엄마가 내 이름을 ? 소리를 들었다.	부르는				
정확도		/5		/5	

* T – 정반응, F – 오반응

③ 치료 적용의 예

1) 개념 적용

사진 설명하기

가족이나 친구와 함께 찍은 사진을 세 장 준비하세요. 사진 속의 가족이나 친구를 소개하고 무엇을 하는 장면인지 설명해 보세요.

[보기]

예 (물을 마시고 있는) 애가 우리 오빠예요.

(숙제를 하고 있는) 애가 나예요.

이건 (오빠랑 내가 집을 보고 있는) 사진이에요.

2) 구문 적용

그림 이야기

선생님이 들려주는 대로 각각의 그림을 완성하세요.

❶ 영희는 '아기가 웃고 있는 그림' 을 그렸어요.

❷ 철수는 '꽃이 핀 그림' 을 그렸어요.

❸ 민수는 '산 위로 해가 뜬 그림' 을 그렸어요.

❹ 은주는 '나비가 날아가는 그림' 을 그렸어요.

선생님의 이야기를 듣고 틀린 부분을 고쳐서 이야기해 보세요.

❶ 영희는 아기가 우는 그림을 그렸어요.
❷ 철수는 꽃이 진 그림을 그렸어요.
❸ 민수는 달이 뜬 그림을 그렸어요.
❹ 은주는 나비가 잠을 자는 그림을 그렸어요.

동물나라 왕 뽑기

다음 괄호 안에 알맞은 말을 채우고 동물나라 왕을 찾아 목에 금메달을 그려 주세요.
동물나라의 최고를 뽑으려고 해요.

❶ 눈이 가장 __________ 동물은 __________예요.

❷ 힘이 가장 __________ 동물은 __________예요.

❸ 재주가 가장 __________ 동물은 __________예요.

❹ 코가 가장 __________ 동물은 __________예요.

❺ 노래를 가장 __________ 동물은 __________예요.

3) 상황 적용

다음은 영희가 자기소개를 한 내용이에요. 빈칸에 들어갈 말을 생각해 보세요.

❶ 내가 ________________ 동물은 다람쥐예요.

❷ 내가 ________________ 동물은 뱀이에요.

❸ 내가 ________________ 과목은 수학이에요.

❹ 내가 ________________ 과목은 읽기예요.

나에 대한 여러 가지 특징을 골라 선생님과 친구들에게 소개해 보세요.

[보기] 내가 좋아하는 음식 ________________

내가 싫어하는 음식 ________________

내가 사고 싶은 장난감 ________________

내가 가장 가고 싶은 곳 ________________

내가 커서 되고 싶은 것 ________________

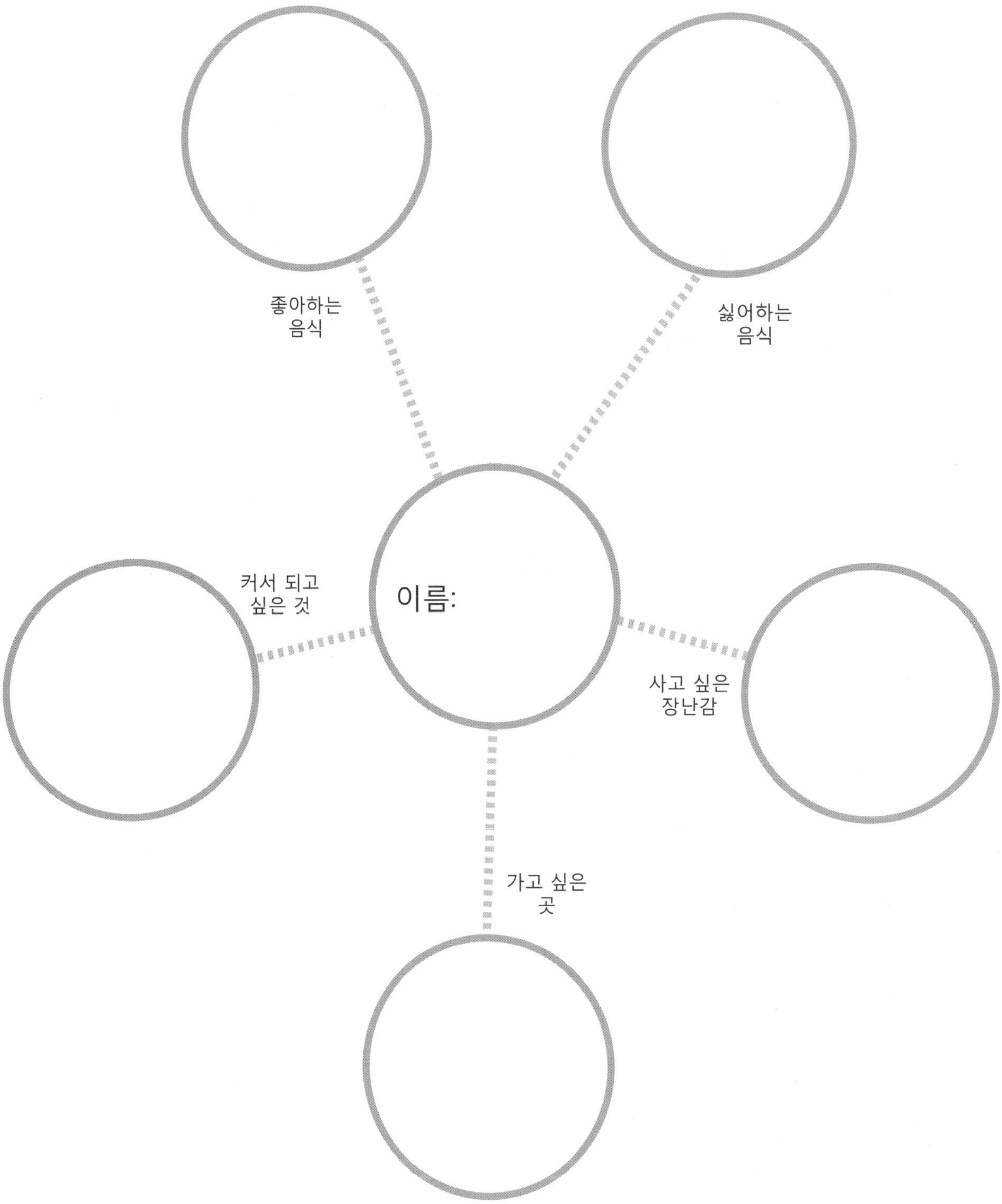
좋아하는
음식
싫어하는
음식
커서 되고
싶은 것
이름:
사고 싶은
장난감
가고 싶은
곳

[부사절을 안은문장]

치료 전 알아두기

❶ 기능: 주로 용언을 꾸며 주는 부사어의 구실을 한다.

❷ 형태: '이, 게' 등의 접미사와 결합되어 만들어진다. (최근에는 '듯이, 게, 도록' 에 의한 문장의 앞절도 부사절로 포함시키고 있다.)

친구는 말도 없이 가 버렸다.
부사절
↓
주어 + 부사어 + 서술어

❸ 종류

- '-이' 와 결합한 경우
  예 나는 운동화도 없이 달리기를 했다. (부사어)
- '-게' 와 결합한 경우
  예 나는 상장이 잘 보이게 치켜 들었다. (부사어)
- '-듯이' 와 결합한 경우
  예 동생은 아무 일도 없었다는 듯이 일어나 걸어갔다. (부사어)
- '-도록' 과 결합한 경우
  예 나는 밤이 새도록 열심히 공부했다. (부사어)

문장성분이 이동해도 의미의 차이를 보이지 않으므로 부사절과 종속절 둘 다로 볼 수 있다.

※ 나는 속이 상해서 울었다. (부사절을 안은문장)
⇨ 속이 상해서 나는 울었다. (종속절로 이어진문장)

1 단원 목표

부사어의 역할을 하는 부사절을 적절히 사용할 수 있다.

2 치료 전후 수행수준 검사

문장을 듣고 빠진 말을 넣어 완전한 문장으로 말해 보세요.

보기

치료사가 직접 시범을 보여 주세요.

❶ "키가 커 보이? 까치발을 들었다."

⇨ "키가 커 보이게(도록) 까치발을 들었다."

❷ "소리 없? 눈이 내렸다."

⇨ "소리 없이 눈이 내렸다."

수행수준 평가

보기 문항으로 이해를 도운 다음에 실시하기

문항	정답	치료 전 수행수준		치료 후 수행수준	
		T	F	T	F
1. 옷이 다 젖? 물장난을 쳤다.	도록				
2. 앞이 안 보이? 눈가리개를 했다	게, 도록				
3. 발이 아프? 걸었다	도록				
4. 아무것도 모른다는 ? 고개를 흔들었다.	듯이				
5. 꽃이 잘 자라? 물을 주었다	게, 도록				
정확도		/5		/5	

* T －정반응, F－오반응

3 치료 적용의 예

1) 개념 적용

공공장소의 예절

다음 그림을 보고 잘못된 행동을 하는 친구에게 올바른 행동을 가르쳐 주세요.
그리고 문장의 빈칸을 완성해 보세요.

❶ 버스에서 시끄럽게 떠드는 영희

❷ 영화관 앞자리에 서 있는 철수

❸ 친구들이 급식 먹고 있을 때 뛰어다니는 석이

❶ 예 영희야, 버스에서는 작은 소리로 말해야 돼.
(왜?) 다른 사람이 시끄럽잖아.

[문장 완성하기] 다른 사람이 시끄럽지 ______________ 조용히 말해야 돼.

❷ 예 철수야, 영화관에서는 자리에 잘 앉아 있어야 돼.
(왜?) 뒷사람이 안 보이잖아.

[문장 완성하기] 뒷사람이 영화를 볼 수 ______________ 자리에 잘 앉아야 돼.

❸ 예 석이야, 점심시간에는 뛰어다니면 안 돼.
(왜?) 밥 먹는 데 먼지가 나잖아.

[문장 완성하기] 점심시간에는 먼지가 나지 ______________ 뛰어다니면 안 돼.

2) 구문 적용

구문 연습

보기	바꾸기 연습 – '게, 도록, 듯이'
깨지 않아요	________________
먹을 수 있어요	________________
놀 수 있어요	________________
팔이 아파요	________________
들을 수 있어요	________________

구문 적용

다음 일기에 적절한 말을 넣어 보세요.

아기 돌보기

엄마가 아기가 자는 동안에 슈퍼에 다녀오신다고 하셨어요.
나는 아기가 깨지 __________ 텔레비전 볼륨을 낮추었어요.
그런데 아기가 눈을 번쩍 뜬 거예요.
나는 아기가 먹을 수 __________ 아기 과자를 손에 쥐어 주었어요.
하지만 아기는 울기 시작했어요.
나는 아기가 놀 수 __________ 딸랑이를 가져왔어요.
하지만 아기는 울음을 그치지 않았어요.
나는 팔이 __________ 아기를 안아 주었어요.
그래도 울어서 엄마 목소리를 들을 수 __________ 엄마에게 전화를 걸어 주었어요.
그런데 엄마 목소리가 현관에서 들렸어요.
휴우, 한숨이 나왔어요.

3) 상황 적용

다음의 재미있는 발명품을 보고 왜 만들었을까 생각해 보세요.

그림자료

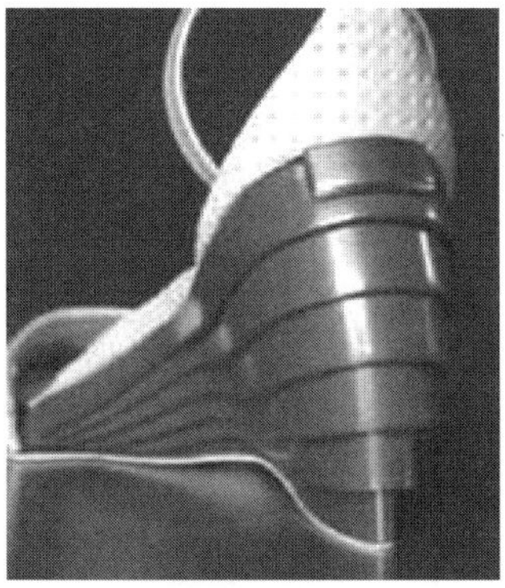
키높이 구두

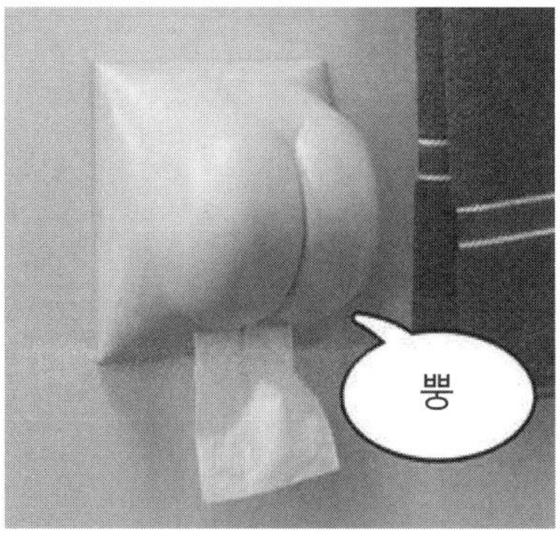

방귀 뀌는 휴지걸이

변기 수족관

전화 면도기

오뚝이 컵

❶ '키높이 구두' 는 왜 만들었을까요? 예 키가 커 보이게

❷ '방귀 뀌는 휴지걸이' 는 왜 만들었을까요?

❸ '변기 수족관' 은 왜 만들었을까요?

❹ '전화 면도기' 는 왜 만들었을까요?

❺ '오뚝이 컵' 은 왜 만들었을까요?

철수는 커서 이런 집을 만들 거래요.

[보기]

- 늦으면 빨리 내려올 수 있게 계단 대신 미끄럼틀이 달린 집
- 도둑이 들어오지 못하도록 여기저기에 눈이 달린 집
- 친구들이 많이 놀러 오면 다 들어올 수 있도록 자동으로 넓어지는 집
- 모니터 없이 컴퓨터를 할 수 있게 유리창이 모니터로 바뀌는 집

여러분이 만들고 싶은 집을 그려 보세요. 그리고 왜 그렇게 만들었는지 '-게, -이, -도록' 을 넣어 이야기해 보세요.

[서술절을 안은문장]

치료 전 알아두기

❶ 기능: 문장 속에서 서술어의 역할을 한다.

❷ 형태: 서술절을 안은문장은 주어가 두 개 있는 것으로 보이므로 중복 현상을 막기 위해 전체주어는 '이/가' 보다는 '은/는' 을 사용하는 경우가 많다.

친구는 <u>눈이 크다</u>
서술절
↓
주어 + 서술어

❸ 안은문장과 안긴문장과의 관계
- 전체와 부분
- 큰 종류와 작은 종류
- 안은문장의 주격 명사의 속성

예 나는 친구가 많다.
의자는 다리가 있다.
형은 키가 크다.
나는 수학이 어렵다.

1 단원 목표

안은문장의 주어를 설명해 주는 서술절을 적절히 사용할 수 있다.

2 치료 전후 수행수준 검사

문장을 듣고 빠진 말을 넣어 완전한 문장으로 말해 보세요.

보기

치료사가 직접 시범을 보여 주세요.

❶ "이 책은 그림[?] 없다."

⇨ "이 책은 그림이 없다."

❷ "동생은 눈[?] 크다."

⇨ "동생은 눈이 크다."

수행수준 평가

보기 문항으로 이해를 도운 다음에 실시하기

문항	정답	치료 전 수행수준		치료 후 수행수준	
		T	F	T	F
1. 나는 머리[?] 아팠다.	가				
2. 동생은 숙제[?] 없다.	가				
3. 이 건물은 엘리베이터[?] 느리다.	가				
4. 코끼리는 코[?] 길다.	가				
5. 할아버지는 머리[?] 하얗다.	가				
정확도		/5		/5	

* T – 정반응, F – 오반응

3 치료 적용의 예

1) 개념 적용

다음 그림 가운데 과자를 훔친 범인이 있어요. 목격자의 말을 듣고 해당하지 않는 사람은 ×표를 해 보세요. 누가 범인일까요?

[보기] 범인은 얼굴이 길어요
범인은 눈이 커요
범인은 코가 납작해요
범인은 입술이 두꺼워요.
범인은 눈 옆에 점이 있어요.
범인은 턱 밑에 수염이 있어요.

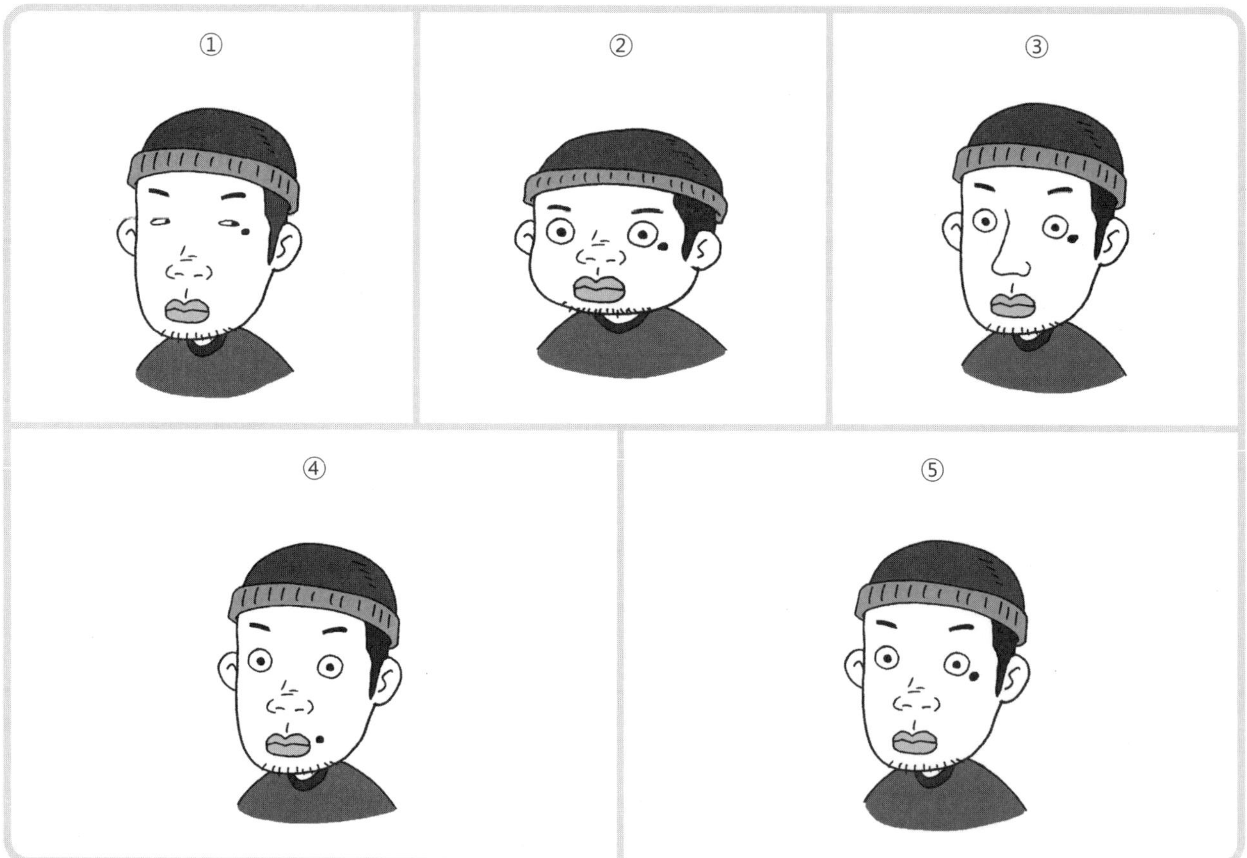

범인을 잡았나요? 잡은 범인의 특징을 이야기해 보세요.

2) 구문 적용

각각의 동물들을 비교하며 다른 점을 이야기해 보세요.

나비는 날개 ____________

그런데 애벌레는 ________ ________

문어는 다리가 ____________

뱀은 ________ ________

코끼리는 코가 ____________

돼지는 ________ ________

2) 상황 적용

수수께끼 놀이를 해요. [그림자료] 중에서 선생님이 (서술절을 이용해서) 문제를 내면 아동이 답을 맞혀요. 아동이 답을 맞히면 다음에는 아동이 문제를 내고 선생님이 맞혀요. (아동이 서술절이 아닌 다른 문장표현을 이용하여 문제를 낼 경우 선생님이 한 번 더 바꾸어 말해 주세요.)

예 선생님: 이것은 맛이 매워요. 무엇일까요?
아동: 파요. 이것은 색깔이 빨개요. 무엇일까요?
선생님: 잘 모르겠어요. 좀 더 설명해 주세요. 혹시 이것은 가시가?
아동: 네, 이것은 가시가 있어요.

그림자료

일기를 읽고 빈칸에 들어갈 적절한 말을 넣어 주세요.

[일기]

내 짝과 나

오늘 자습시간에 짝을 바꿨다.

나는 은성이와 짝이 되었다.

난 공부시간에 은성이를 힐끔힐끔 쳐다보았다.

은성이는 티셔츠도 빨간색이고 양말도 빨간색이다.

은성이________ 빨간색________ 좋은가 보다.

은성이는 운동을 잘한다.

그래서 은성이________ 체육시간________ 제일 좋다고 했다.

은성이는 얌전하다.

은성이________ 말________ 없는 편이다.

은성이________ 귀여운 여동생________ 있다.

나도 은성이처럼 여동생________ 있으면 좋겠다.

[인용절을 안은문장]

치료 전 알아두기

❶ 기능: 문장 속에서 서술어를 수식하는 부사절의 역할을 한다.

❷ 형태:

• 직접인용절: 자신이나 타인의 말, 글, 생각을 그대로 인용

" " (큰 따옴표) + –라고, –하고

예 나는 "내가 잘못했어." 라고 말했다.

• 간접인용절: 타인의 말, 글, 생각 등을 자신의 관점에서 인용

예 나는 내가 잘못했다고 말했다.

❸ 간접인용절의 종류

• 평서문: –다

• 의문문: –냐, –느냐

• 명령문: –라

• 청유문: –자

예 그 친구는 태권도를 배운다고 했다.

나는 그 친구에게 미술도 배우냐고 물었다.

엄마가 빨리 오라고 불렀다.

나는 그 친구에게 미술 학원에 함께 다니자고 했다.

1 단원 목표

간접인용절을 이용하여 자신과 타인의 말, 글, 생각을 인용하여 말할 수 있다.

2 치료 전후 수행수준 검사

문장을 듣고 빠진 말을 넣어 완전한 문장으로 말해 보세요.

보기

치료사가 직접 시범을 보여 주세요.

❶ "사과" [?] 말했다.
⇨ 사과라고 말했다.

❷ "동생이 울었어" [?] 말했다.
⇨ 동생은 울었다고 말했다.

수행수준 평가

보기 문항으로 이해를 도운 다음에 실시하기

문항	정답	치료 전 수행수준		치료 후 수행수준	
		T	F	T	F
1. 이거 먹어[?] 물었다.	먹냐고				
2. 배가 아파[?] 말했다.	아프다고				
3. 놀러 가자[?] 말했다.	놀러 가자고				
4. 휴지 주워[?] 시켰다.	주우라고				
5. 이것은 사과[?] 말했다..	사과라고				
정확도		/5		/5	

* T – 정반응, F – 오반응

3 치료 적용의 예

1) 개념 적용

입모양 알아맞히기

선생님이 소리를 내지 않고 입모양으로만 말할 거예요. 무슨 말인지 맞혀 보세요.

❶ (입모양)아, 뭐라고 했나요? (예 '아' 했어요. 촉진) '아' 라고 했어요.

❷ (입모양)버스, 뭐라고 했나요?

❸ (입모양과 행동 함께)뜨겁다, 뭐라고 했나요?

❹ (입모양과 행동 함께)그네 타자, 뭐라고 했나요?

만화 만들기

'토끼와 거북이' 그림에 말풍선을 그려 만화로 만들어 보세요.

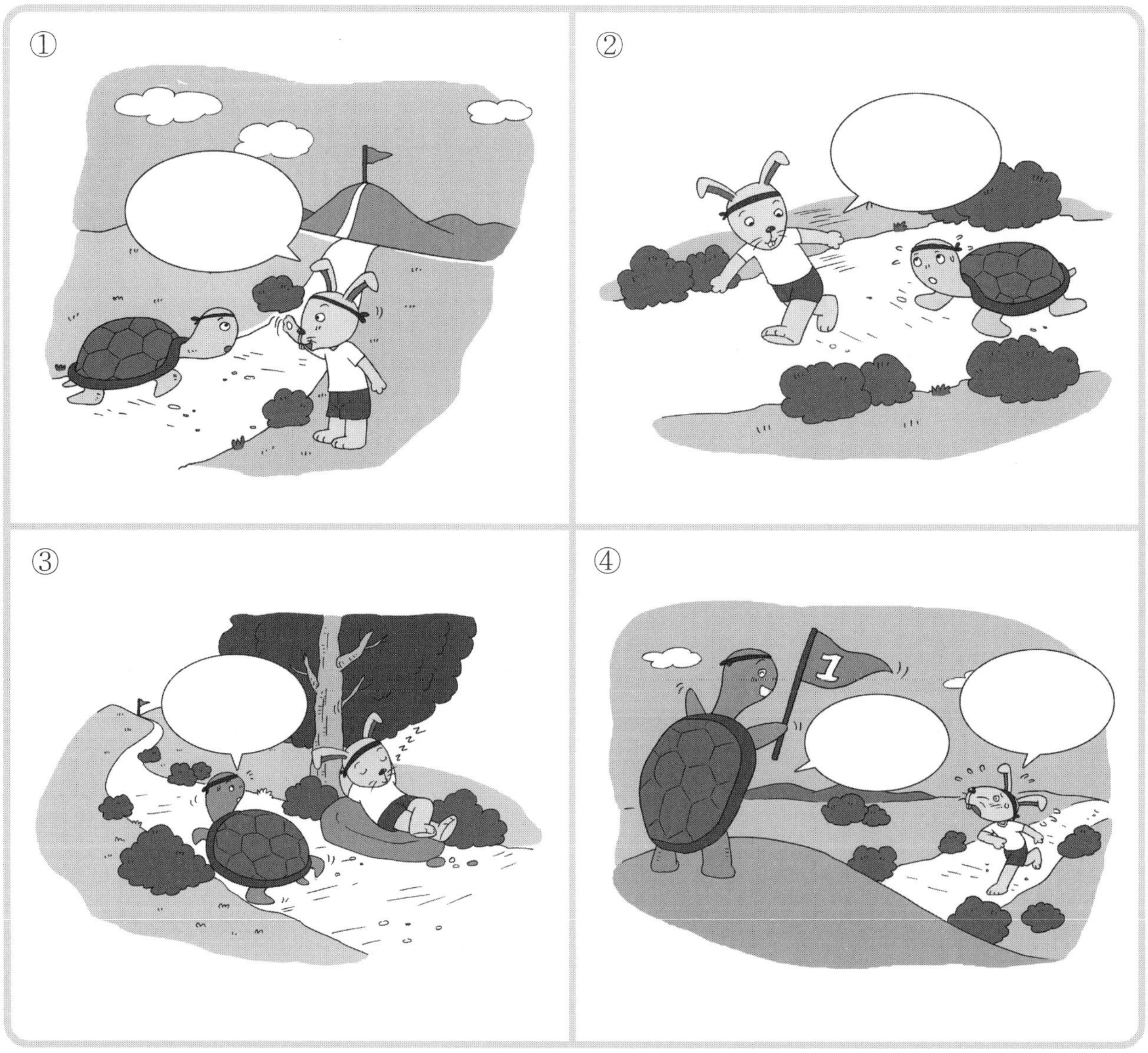

❶ ①번 그림에서 토끼가 뭐라고 얘기했을까요?

예 달리기 시합하자.

촉진) 달리기 시합하자고 했어요.

❷ ②번 그림에서 토끼가 뭐라고 했을까요?

❸ ③번 그림에서 거북이가 뭐라고 했을까요?

❹ ④번 그림에서 토끼와 거북이가 뭐라고 했을까요?

2) 구문 적용

보기를 넣어 바꾸어 보세요.

❶ -다고/-라고

보기	바꾸기 연습
새 친구다	______________
목소리가 작아	______________

❷ -냐고

보기	바꾸기 연습
어디 살아?	______________
언제 왔어?	______________

❸ -라고

보기	바꾸기 연습
닦아!	______________
정리해!	______________

❹ -자고

보기	바꾸기 연습
놀러 가자	______________
축구하자	______________

구문 적용

❶ 새 친구가 전학왔어요. 친구들과 소개하는 자리에서 오간 이야기들을 '-다고' 와 '-라고' 를 넣어 이야기해 보세요.

❷ 쉬는 시간이 되었어요. 아이들이 새 친구에게 질문한 내용들을 '-냐고'를 넣어 이야기해 보세요.

❸ 청소시간이에요. 선생님이 아이들에게 어떤 청소를 시켰는지 '-라고'를 넣어 이야기해 보세요.

❹ 수업이 끝났어요. 집으로 돌아가는 길에 아이들이 나눈 이야기를 '-자고'를 넣어 이야기해 보세요.

3) 상황 적용

다음 상황에서 뭐라고 말하면 좋을지 이야기해 보세요.

❶ 공부시간에 철수는 소변이 마려웠어요. 그런데 꾹 참고만 있어요. 어떻게 해야 할까요?

❷ 슈퍼에서 오백 원짜리 아이스크림을 사면서 천 원을 냈어요. 그런데 아줌마가 거스름돈을 주지 않아요. 어떻게 해야 할까요?

❸ 친구가 새 옷을 입고 왔어요. 뭐라고 칭찬해 주면 좋을까요?

❹ 가족끼리 식당에 갔어요. 누나는 짬뽕을 골랐어요. 철이는 자장면을 먹고 싶어요. 어떻게 해야 할까요?

고영근(2007). 한국어의 시제 서법 동작상. 파주: 태학사.

김태엽(2001). 국어 종결어미의 문법. 서울: 국학자료원.

남기심, 고영근(1993). 표준국어문법론. 서울: 탑출판사.

남기심(1993). 국어 조사의 용법. 서울: 박이정.

박영순(1998). 한국어 문법 교육론. 서울: 박이정.

이관규(2005). 국어 교육을 위한 국어 문법론. 서울: 집문당.

이봉원(2008). 언어치료사를 위한 한국어 문법. 충남: 나사렛언어청각센터.

이윤진(2004). 한국어 문형 표현 100. 서울: 건국대학교출판부.

이익섭(2007). 한국어 문법. 서울: 서울대학교 출판부.

이희자, 이종희(2008). 어미 · 조사 사전. 서울: 한국문화사.

임지룡, 이은규, 김종록, 송창선, 황미향, 이문규, 최웅환(2005). 학교문법과 문법교육. 서울: 박이정.

임호빈, 홍경표, 장숙인(1997). 외국인을 위한 한국어 문법 Wookbook. 서울: 연세대학교 출판부.

임호빈, 홍경표, 장숙인(1997). 외국인을 위한 한국어 문법. 서울: 연세대학교 출판부

최은아, 윤미선(2008). 국어 문법 연습. 충남: 나사렛언어청각센터.

허용 외(2005). 외국어로서의 한국어교육학 개론. 서울: 박이정.

저자 소개

최용주

경희대학교 국어국문학과 문학사
단국대학교 특수교육과 교육학석사(언어치료교육 전공)
전) 일산 백병원 언어치료사
　두드림 소아정신과 언어치료사
현) 부천 말과놀이언어치료실 언어치료사
　한국언어장애전문가협회 1급 언어치료사
　주요 관심 분야 : 언어발달장애/학령기 언어장애

정미란

이화여자대학교 특수교육학과 문학사
단국대학교 특수교육과 교육학석사(언어치료교육 전공)
단국대학교 특수교육과 교육학박사(청각 · 언어장애아교육 전공)
현) 인천 이웃사랑어린이집 언어치료사
　단국대학교 강사
　한국언어장애전문가협회 1급 언어치료사
　주요 관심 분야 : 언어발달장애/학령기 언어장애/읽기장애

황민아

서울대학교 심리학과 문학사
서울대학교 심리학과 문학석사(언어심리학 전공)
미국 미네소타 대학교 언어병리학박사
미국 Mayo Clinic 신경과 언어치료 fellow
현) 단국대학교 특수교육과 교수
　한국언어장애전문가협회, 한국언어청각임상학회 이사
　주요 관심 분야 : 언어발달장애/신경언어장애

학령기 아동의
언어치료 프로그램 Ⅰ
-문법편-

2010년 2월 10일 1판 1쇄 발행
2024년 1월 25일 1판 9쇄 발행

지은이 • 최용주 · 정미란 · 황민아
펴낸이 • 김 진 환
펴낸곳 • ㈜ 학지사
04031 서울특별시 마포구 양화로 15길 20 마인드월드빌딩 5층
대표전화 • 02) 330-5114 팩스 • 02) 324-2345
등록번호 • 제313-2006-000265호

홈페이지 • http://www.hakjisa.co.kr
인스타그램 • https://www.instagram.com/hakjisabook

ISBN 978-89-6330-268-3 93180

정가 22,000원